GOLDMANN

Buch

Die Journalistin Catherine Barry hat nach ihren Gesprächen mit dem Dalai Lama 108 seiner Meditationen zusammengestellt – symbolisch für die 108 Perlen der buddhistischen Gebetskette, der *Mala*. Jede Perle ist ein kleiner Schritt auf dem Weg zu einem friedvollen Leben.
Die Worte des Dalai Lama sind Zeugnisse lebendiger Weisheit und eine Quelle der Inspiration auf dem Weg zu mehr Toleranz, Liebe und Respekt. Und so verdeutlichen die Texte gerade für die westlichen Menschen die Bedeutung von Liebe und Mitgefühl als Grundlagen für spirituelles Wachstum. Die poetischen Mantras stellen eine große Bereicherung des eigenen Lebens und Denkens dar und geben Einblick in die Gedankenwelt des Buddhismus und die Lehre des Dalai Lama.

Autor und Herausgeberin

Der Dalai Lama ist das geistliche und weltliche Oberhaupt der Tibeter. Der amtierende 14. Dalai Lama wurde 1935 geboren. Nach der Besetzung Tibets durch China floh er 1959 nach Indien, wo er seitdem im Exil lebt. Seine Bemühungen um die politische Unabhängigkeit Tibets sowie um dessen kulturelle und religiöse Identität wurden 1989 mit dem Friedensnobelpreis geehrt.
Die französische Journalistin Catherine Barry präsentierte bis 2007 im französischen Fernsehen die wöchentliche Sendung *Voix bouddhistes*. Sie hatte mehrmals die Gelegenheit, den Dalai Lama zu interviewen, und konnte so diese wertvolle Sammlung buddhistischer Weisheiten zusammenstellen.

Dalai Lama

108 Perlen der Weisheit

Auf dem Weg zu Erleuchtung

zusammengestellt von
Catherine Barry

Aus dem Französischen
von Elisabeth Liebl

GOLDMANN

Für meinen Sohn Benjamin
und alle jungen Leute seiner Generation,
die die Welt von morgen erschaffen werden

Dieser Titel ist bereits unter der Nummer 17052 erschienen.

Penguin Random House Verlagsgruppe FSC® N001967

8. Auflage
Vollständige Taschenbuchausgabe Mai 2015
Wilhelm Goldmann Verlag, München,
in der Penguin Random House Verlagsgruppe GmbH
© 2008 der Taschenbuchausgabe
Wilhelm Goldmann Verlag, München,
in der Penguin Random House Verlagsgruppe GmbH,
Neumarkter Straße 28, 81673 München
produktsicherheit@penguinrandomhouse.de
(Vorstehende Angaben sind zugleich Pflichtinformationen nach GPSR.)

© der deutschsprachigen Ausgabe Heinrich Hugendubel Verlag, Kreuzlingen/
München 2007
© 2006 der Originalausgabe Éditions Presses de la Renaissance
Originaltitel: 108 perles de sagesse pour parvenir à la sérénité
Illustrationen: Wolfgang Buechs, wb@destination.de
Umschlaggestaltung: Uno Werbeagentur, München,
unter Verwendung eines Motivs von Design Team, München
Satz: Buch-Werkstatt GmbH, Bad Aibling
Druck und Bindung: GGP Media GmbH, Pößneck
AB · Herstellung: IH
Printed in Germany
ISBN 978-3-442-17551-2

www.goldmann-verlag.de

»Solange der Raum besteht und die fühlenden Wesen in ihm, möge auch ich im Daseinskreislauf verweilen, um den Wesen zu helfen, das Leid und seine Ursachen zu überwinden und das Glück und seine Ursachen zu finden.«

In den Sechzigerjahren entdeckte Europa die Lamas vom Dach der Welt. Ich persönlich war ein wenig später dran. Doch von dem Moment an, in dem ich zum ersten Mal in Kontakt mit dem tibetischen Buddhismus kam, blieb mein Interesse wach. Je besser ich diese Tradition kennenlernte, je mehr ich sie nach den Anleitungen ihrer Meister praktizierte, desto klarer wurde mir, dass diese Meister – zumindest einige von ihnen – die Antworten auf meine Suche nach Sinn kannten. Mittlerweile weiß ich seit mehr als dreißig Jahren, dass man seinen Geist umwandeln kann. Diese Erkenntnis half mir, als meine Lebensumstände – ein Buddhist würde sagen »mein Karma« – sich dahingehend veränderten, dass meine spirituelle Praxis Teil meines Berufslebens wurde. Da ich zutiefst überzeugt bin, dass die buddhistischen Prinzipien auch im Alltag sehr nützlich sind, war es mir wichtig, mein Engagement innerhalb dieser Tradition auch in das für diese Art von Informationsvermittlung eher wenig aufgeschlossene Medium Fernsehen einzubringen.

Im Laufe der Zeit habe ich große Meister vieler verschiedener Schulen kennen gelernt, darunter auch Seine Heiligkeit, den Dalai Lama. Solche Begegnungen verändern unser Leben und helfen uns im persönlichen Wachstum weiter. Einige dieser Meister entpuppen sich als wahre Katalysatoren. Sie spiegeln ohne Wenn und Aber unser wahres Wesen wider, was uns zumindest zu kleinen Fortschritten verhilft. Ein geheimnisvoller Austausch auf bewusster ebenso wie auf unbewusster Ebene, der dazu führt, dass wir nicht mehr dieselben sind und doch auch niemand anderer. Diese Einflüsse fließen gleichsam durch uns hindurch und laden uns ein, weit über uns selbst hinauszuwachsen. Die verschiedenen Begegnungen mit Seiner Heiligkeit haben mein

Leben von Grund auf verändert. Deshalb hege ich den tiefen Wunsch, die transformative Kraft der buddhistischen Lehre zu bezeugen, deren Verkörperung der Dalai Lama ist. Seine Person berührt uns umso mehr, als wir längst nicht mehr daran gewöhnt sind, dass Wort und Tat bei einem Menschen so sehr miteinander in Einklang stehen. Was für eine Lektion in Menschlichkeit erteilt uns doch dieser einfache Mönch, der seit mehr als fünfzig Jahren mit der Tragödie seines Volkes konfrontiert ist und ihr mit Kraft, Mut, Entschlossenheit und einem unbedingten Glauben an die Lehren des Buddha begegnet. Was für ein beeindruckendes Schauspiel, wenn dieser Mann den Menschen seine Zeit und seine ungeheuren Einsichten zuteilwerden lässt, als wäre er einfach nur einer unter vielen! Dabei verehrt sein Volk ihn wie einen Gott. Wie unglaublich zu sehen, dass das, was er sagt, nicht ein einziges Mal von den Prinzipien abweicht, für die er eintritt, um welche Frage es auch immer gehen mag.

Er zeigt uns, dass wir seinen Spuren folgen können. Er ist der lebendige Beweis dafür, dass innere Wandlung möglich ist, wenn wir Zeit darauf verwenden und unsere Lehrzeit auf dem Pfad entschlossen nutzen.

Seine Lehren, seine praxisorientierte Weisheit, die voller gesundem Menschenverstand ist, begleiten mich Tag für Tag auf dem Weg der Umwandlung des Geistes, den der tibetische Buddhismus aufzeigt. Für mich stellen sie Stufen auf dem Weg der inneren Entwicklung dar, die unfehlbar ihre Wirkung zeigen, wenn wir uns nur die Zeit nehmen, über sie nachzudenken und zu meditieren. Aus diesem Grund habe ich dieses Büchlein zusammengestellt, in dem sich 108 kurze Texte zur Meditation finden. 108 ist im tibetischen Buddhismus eine symbolische Zahl, die für die

108 Perlen des buddhistischen »Rosenkranzes«, der *Mala*, steht. Diese dient zum Zählen von Mantras, heiligen Formeln, die den Geist beruhigen und unsere störenden Energien kanalisieren. Jedes Weisheitswort steht für eine Perle der *Mala*. Ich hoffe, dass diese Perlen Sie inspirieren werden und dazu beitragen, dass Sie selbst begreifen, was Mitgefühl, Toleranz, Liebe, Güte und Achtung vor dem anderen wirklich bedeuten. Denn der »andere« ist es, der im Buddhismus wahrhaft zählt. Er ist immer wichtiger als wir selbst. Gibt es eine wichtigere Botschaft als diese, die uns erlaubt, in Frieden mit uns selbst und mit der Umwelt zu leben?

Ich möchte Ihnen drei kleine Geschichten erzählen, die zeigen, wie eine Begegnung mit dem Dalai Lama das Leben verändern kann. Das Nachdenken darüber hat mir bewusst gemacht, wie tief die Güte ist, die von diesem Menschen ausgeht.

Kurz nachdem Seine Heiligkeit 1989 den Friedensnobelpreis erhalten hatte, habe ich ihn im Hotel Saint James in Paris kennen gelernt. Man hatte ein Treffen mit verschiedenen französischen Künstlern und Journalisten arrangiert, die auf diesen lächelnden Mönch, der aufgrund seines gewaltfreien Kampfes gegen die chinesische Besetzung Tibets die ganze Welt faszinierte, ordentlich neugierig waren. Mit der Verleihung des Nobelpreises war der Dalai Lama in die Reihen jener großen Charismatiker aufgestiegen, die für Gewaltfreiheit eingetreten sind, wie Mahatma Gandhi und Martin Luther King. Daher war die Anzahl der Geladenen nicht eben gering. Ihn kennen zu lernen schien ein schwieriges, wenn nicht gar unmögliches Unterfangen. Ich wusste das und war daher nur gekommen, weil ich jenen Menschen, der wie kein anderer für die spirituelle Tradition stand, der ich seit einigen Jahren angehörte, einfach einmal sehen wollte. Doch das Leben hatte anderes mit mir vor. Denn zum Wachpersonal, das für die Sicherheit Seiner Heiligkeit verantwortlich war, gehörte ein Freund von mir. Und so nahm man mich innerhalb weniger Sekunden in die Reihen jener auf, die für den reibungslosen Ablauf dieses Abends sorgten. Ein unerwartetes Geschenk, das mir da in den Schoß fiel und mich noch mehr zur regelmäßigen Meditation inspirierte. Die Gegenwart des Dalai Lama, die ich an jenem Abend zum ersten Mal direkt spürte, wirkte auf mich wie ein Katalysator. Seine freudvolle, unzerstörbare und mitreißende Energie stieß in mir einen Prozess der inneren Wandlung an. Was nicht heißen soll, dass die Praxis dadurch einfacher geworden wäre oder meine Probleme sich plötzlich auf geheimnisvolle Weise gelöst hätten. Der Prozess, um den es hier geht, ist lang, schwierig, manchmal sogar mühselig, denn das Material, mit dem wir arbeiten, ist unser eigener Geist. Der Buddhismus lehrt, dass diese Veränderung sich im Laufe mehrerer Lebenszeiten vollzieht, was erneut betont, wie tief das Engagement sein muss, wenn wir wahrhafte Veränderung anstreben.

Ein andermal hatte ich die Gelegenheit, an einem Treffen Seiner Heiligkeit mit den Angehörigen der tibetischen Gemeinde in Frankreich teilzunehmen. Die Atmosphäre bei diesem Zusammentreffen war emotional so bewegend, dass ich dieses Erlebnis niemals vergessen werde. Um das zu verstehen, müssen Sie wissen, dass einige Tibeter ihr Leben riskieren, um sich in Dharamsala Seiner Heiligkeit einige Sekunden lang zu nähern. Sie sprechen ein paar Worte mit ihm und erhalten zum Zeichen seines Segens einen *Katag*, einen weißen Glücksschal. Der Dalai Lama erteilt ihnen Ratschläge und hört ihnen aufmerksam zu, bevor sie auf seine Bitte hin wieder in das immer noch gefährliche Tibet zurückkehren, das sich nicht entvölkern soll. Für diesen kurzen Augenblick riskieren die Tibeter alles.

Wenn wir uns dies vor Augen führen, erkennen wir erst, wie viel Glück wir hier im Westen haben. Wir können Seine Heiligkeit ohne viel Aufwand sehen, wenn er in Europa ist. Doch wir sollten die fühlbare Erregung, das unendliche Glück nicht übersehen, das die Tibeter empfinden, wenn sie sich in Gegenwart ihres religiösen und weltlichen Oberhauptes befinden, das ihr Volk ebenso repräsentiert wie den Buddhismus und die Hoffnung dieses Volkes, eines Tages wieder in seinem Heimatland in Freiheit leben zu können. Die grenzenlose Achtung, die die Tibeter vor jenem Menschen empfinden, der für sie Tschenresig verkörpert, den Buddha des Mitgefühls, ist ungeheuer beeindruckend und zeigt uns eine Seite des Dalai Lama, die uns auf Anhieb wohl weniger zugänglich ist. Tenzin Gyatso mit seinen tibetischen Landsleuten zu erleben zeigt einmal mehr, dass er einer Dimension angehört, die keineswegs alltäglich ist.

Ende der Neunzigerjahre begannen wir in Frankreich mit den Sendungen. Seitdem gibt der Dalai Lama etwa alle zwei Jahre ein Interview auf France 2 in der von mir moderierten Sendung *Voix bouddhistes*. Bei dieser Sendung werde ich von einem Team von redaktionellen und technischen Mitarbeitern unterstützt. Sobald Seine Heiligkeit, gut gelaunt und energiegeladen wie immer, den Raum betritt, breitet sich ein Lächeln auf den Gesichtern aus. Die Atmosphäre entspannt sich schlagartig. Der Dalai Lama setzt sich und lacht, wenn der gewöhnlich ein wenig verlegene Techniker ihm das Mikrofon an der Robe befestigt. Er lächelt mich an, und die Angst, die falschen Fragen zu stellen, fällt sofort von mir ab. Schließlich stehe ich einem erwachten Meister gegenüber, der den Zuschauern nach bestem Wissen und Gewissen Rede und Antwort stehen wird. Die Stimme Matthieu Ricards, der die Vorträge des Dalai Lama ins Französische übersetzt, erklingt in meinem Kopfhörer. Es kann losgehen. Seine Heiligkeit ist stets aufmerksam und geht bereitwillig auf alle Fragen ein. Er ist vollkommen präsent, obwohl er enorm viele Verpflichtungen hat. Zwischen zwei Fragen zieht er seine Schuhe aus und nimmt im Schneidersitz auf dem Sessel Platz. Eine simple Geste, die andeutet, dass er sich bei uns wie zu Hause fühlt.

Seine unglaubliche Präsenz und seine klaren Antworten sorgen dafür, dass wir alle verstehen, worum es ihm geht: Wir sind alle miteinander verbunden, voneinander abhängig und tragen daher füreinander Verantwortung. Aus diesem Verständnis heraus entsteht eine Haltung der Gewaltlosigkeit, des Mitgefühls und der Toleranz – Qualitäten, die – wie Seine Heiligkeit nicht müde wird zu betonen – für unsere Zeit absolut notwendig sind, geht es doch um die Herausbildung einer universellen spirituellen Ethik.

Am Ende des Interviews beeilen sich die Techniker, die großen Lampen auszuschalten, die das Studio stark aufheizen. Jeder Mitarbeiter trägt plötzlich einen *Katag* in der Hand. Der Dalai Lama segnet jeden, der dies wünscht, ob er nun Buddhist ist oder nicht. In diesem Moment zählt die Religionszugehörigkeit nicht. Wir sind einfach Menschen, die glücklich sind, eine Stunde lang in Gegenwart dieses außergewöhnlichen Lehrers verbracht zu haben.

Auch diese unglaubliche Präsenz, die in den Menschen sofort ein Gefühl der Entspannung hervorruft und die uns das Herz weit öffnet, möchte ich mit den hier gesammelten Texten vermitteln. Die Worte des Dalai Lama begleiten mich Tag für Tag, als Journalistin und als Frau.

Wir haben uns entschieden, den Perlen der Weisheit Illustrationen zur Seite zu stellen, die die Prinzipien des buddhistischen Weges verkörpern, den der Dalai Lama vertritt.

Dazu gehören zum einen die Porträts großer Meister, die die Weisheit der Lehren von Generation zu Generation weitergegeben haben. Dank ihrer Anstrengungen in Praxis und Kontemplation sind wir heute in der Lage, diesen Lehren zu lauschen.

Die Schützergottheiten der Lehre reiten auf Tieren, die störende Emotionen wie Zorn, Neid, Dummheit, Aggressivität und Hochmut darstellen. Sie zeigen uns, dass es möglich ist, diese Gefühle zu bezähmen und ihre Ketten zu brechen.

Die Buddhas schließlich stehen für die positiven Qualitäten des Erwachens, die in jedem von uns angelegt sind. Sie sind keine Götter, sondern Spiegelungen unserer eigenen Weisheit. Sie anzurufen ist eine Methode, die von ihnen symbolisierten Tugenden in uns zu kultivieren.

Ihnen haben wir die acht Glück verheißenden Symbole des Buddhismus zur Seite gestellt, die sich in jedem tibetischen Kloster finden. Wenn ein hoher Würdenträger erwartet wird, streut man aus weißem oder farbigem Sand das Abbild dieser acht auf die Erde, um ihm Respekt zu erweisen. Sie dienen bei zahllosen Anlässen als geistige oder materielle Opfergabe, die Glück bringen soll. Der Wunsch, dass sie sich auch für Sie als Glück verheißend erweisen mögen, hat uns bewogen, sie in dieses Buch aufzunehmen.

Catherine Barry

Shakyamuni

Der Budda berührt die Erde,
um sie zur Zeugin seines Erwachens anzurufen.

ༀ། །ཁམས་གསུམ་ཆུབ་རྒྱུ་དེ་ལེགས་པར་བཤད་པས། །གལ་ཆེན་བྱིན་མི་ཉམ་
དུད་ཀྱི་དཔལ་དང་འཇོ་མས་པ། །ཁ་མདོ་སྒྱུ་ཕ་པ་དར་ཕ་དམ་ཞ་སྐུ། །ཕ་བྲ་
རྒྱལ་པོའི་ཞབས་ལ་ཕྱག་འཚལ་ལོ།

1

Wenn Sie an sich zweifeln und es Ihnen an Selbstvertrauen mangelt, denken Sie an das wunderbare Potenzial, das Sie als Mensch besitzen und das Sie immer weiterentwickeln können. Dann werden Sie ob dieses Schatzes, der in Ihnen ruht, Glück empfinden: Freude lässt sich erlernen. Üben wir uns darin.

2

Der entscheidende Schlüssel zum Glück ist, mit dem zufrieden zu sein, was man im Augenblick ist und hat. Diese innere Zufriedenheit verändert Ihren Blick auf die Dinge, sodass Ihr Geist in Frieden verweilen kann.

3

Zögern Sie nicht zu vergeben, wenn ein anderer Sie verletzt hat. Wenn Sie darüber nachdenken, was diesen Menschen dazu getrieben hat, werden Sie feststellen, dass es sein eigenes Leiden war und nicht der bewusste Vorsatz, Ihnen zu schaden oder wehzutun. Vergebung ist aktives Handeln, welches auf Nachdenken gründet und nicht auf Vergessen. Wir übernehmen damit Verantwortung und zeigen, dass wir die wahre Natur der Dinge verstanden und akzeptiert haben.

4

Das größte Glück erfahren wir, wenn wir ohne Erwartung einer Gegenleistung geben und nicht im Gegenzug Liebe oder Zuneigung fordern. Die Grundlage der Ethik ist stets der Wunsch, anderen nützlich zu sein. Denn die lebenden Wesen können nur durch eine Kraft vereint werden: durch die Liebe.

Tara

Tara ist die große Beschützerin,
die uns vor jeglicher Gefahr bewahrt.

5

Seien Sie Ihren Feinden gegenüber dankbar. Sie sind Ihre größten Meister. Ihre Feinde lehren Sie, sich dem Leiden zu stellen und Geduld, Toleranz und Mitgefühl zu entwickeln, ohne etwas dafür zu verlangen.

6

Der schönste Schmuck, den Sie besitzen, sind Liebe und Mitgefühl. Wenn Sie darüber nachdenken, was Sie glücklich macht und
Ihnen Wohlbefinden verschafft, dann wird Ihnen bewusst, dass
das Gefühl des Glücks davon abhängt, wie weit Sie Ihre Qualitäten als Mensch entwickelt haben und wie Ihr Geist funktioniert.

Der Sonnenschirm

Der Sonnenschirm schützt uns vor den Strahlen
der Sonne. Daher steht er für die Weisheit,
die uns vor dem Leiden schirmt.

7

Ohne innere Abrüstung gibt es keine äußere Abrüstung. Gewalt ruft ausnahmslos Gewalt hervor. Ein konfliktfreies Leben voller Heiterkeit kann nur aus dem Frieden des Geistes entstehen. Die vollständige Entmilitarisierung der ganzen Welt ist einer meiner schönsten Träume. Leider ist noch nicht mehr daraus geworden …

8

Das Empfinden von Leiden im Geist, zu dem auch die Emotionen zählen, ist ein untrügliches Zeichen dafür, ob Ihr Leben sich in die richtige oder falsche Richtung entwickelt. Mit dem korrekten Verständnis, wie wir unser Leben führen sollten, erlangen wir Frieden und lassen das tägliche Leiden hinter uns. Dies gelingt nur, wenn wir die Verhaltensweisen unseres Geistes verändern.

9

Erfreuen Sie sich am Glück der anderen, denn so wird jeder Glücksfall ein Anlass zur Freude. Freuen Sie sich aber auch über Ihr eigenes Glück, denn wir können andere Menschen nur dann lieben, wenn wir selbst glücklich sind und dabei unsere Selbstsucht vergessen. Auf diese Weise entwickeln Sie Glauben und Vertrauen. Die Art, wie Sie auf Ihre Lebensumstände reagieren, bestimmt, ob Sie Ihr Dasein als glücklich, neutral oder unglücklich erleben.

10

Liebe und Mitgefühl vertreiben jede Lebensangst, denn sobald wir diese beiden Qualitäten des Geistes entwickeln, wächst unser Selbstvertrauen, und die Angst schwindet. Unser Geist erschafft die Welt, in der wir leben.

11

Wer seinem Geist Zügel anlegen kann, lebt mit sich und den anderen Wesen in Frieden. Seine innere Zufriedenheit vergeht nicht, mit welchen Umständen er auch konfrontiert sein mag. Nichts und niemand kann einen Menschen unglücklich machen, dessen Geist klar und frei von störenden Gefühlen ist.

Padmasambhava

Padmasambhava wird von den Tibetern als zweiter Buddha betrachtet. Unter den mythischen und historischen Persönlichkeiten, die für die Verbreitung des Buddhismus in Tibet sorgten, ist er zweifellos die herausragendste.

ༀ། །རྡོར་ཆེ་རབ་སྣང་རྒྱབ་པ་ནུ་སྒྲུས་པ། །སྐྱེ་འཆི་མེད་པར་རྟོ་རྗེ་རུ། །
།དུས་གསུམ་རྒྱལ་ཀུན་ལྷོ་ལམས་མ་ཡོ་ཏེ། །པདྨ་རབུང་གནས་ལ་ཕྱག་འཚལ་ལོ། །

12

Wir können nicht glücklich werden, wenn wir unsere Illusionen der Wirklichkeit vorziehen. Die Wirklichkeit ist weder gut noch schlecht. Die Dinge sind, wie sie sind, und nicht, wie wir sie gerne hätten. Dies zu begreifen und zu akzeptieren ist der Schlüssel zum Glück.

13

Der Buddhismus lehrt, dass der Augenblick, der dem Tod vorausgeht, von großer Bedeutung ist, weil dieser Moment die letzte Gelegenheit darstellt, uns auf die Welt der Bardos vorzubereiten – die Zwischenreiche zwischen Leben und Tod, die wir nach unserem letzten Atemzug erfahren. Diesen Augenblick in vollkommenem Frieden zu erleben ist das Ziel einer Übung, bei der die Praktizierenden sich auf tiefes Mitgefühl, auf die Beziehung zu ihrem Meister oder auf Leere und Vergänglichkeit konzentrieren, um unter positiven Umständen wiedergeboren zu werden. Der Moment, der dem Tod vorangeht, ist so wichtig, weil wir in dieser Sekunde die Zügel unseres künftigen Lebens in der Hand halten.

Wenn uns bewusst ist, dass der Tod jederzeit eintreten kann, können wir jeden Moment des Lebens genießen und in Frieden sterben.

Yeshe Tsogyäl

Yeshe Tsogyäl gilt als Verkörperung
der vollkommenen Tugend der Weisheit.

ༀ། །རྒྱལ་ཡུམ་རྗེ་རྫ་རྣལ་འབྱོར་མ། །སྐུ་མཚོགས་ལུས་ཀྱིས་འགྱུར་ཤེས་བྱོར་མ། །
དགྱེས་ཆགས་འཆང་བདག་པདྨ་ནི་ལྷུ་མ། །ཡེ་ཤེས་མཚོ་རྒྱལ་ཡུམ་ལ་འདུད། །

14

Wut, Hass und Abneigung brauchen ein Objekt, damit sie fort-
bestehen können, so wie das Feuer Holz braucht, um brennen
zu können. In schwierigen Situationen, zum Beispiel wenn jemand Ihnen schadet oder Sie provoziert, sollten Sie die Kraft der
Geduld einsetzen, um sich nicht von »negativen« Emotionen
mitreißen zu lassen. Geduld heißt, dass Sie die Fähigkeit besitzen,
ruhig und unerschütterlich zu bleiben, wie die Umstände sich
auch immer entwickeln mögen. Wenn Sie Zuflucht zur Geduld
nehmen können, kann nichts und niemand Ihren geistigen Frieden stören.

15

Wir sollten unser Leben nach echten Werten ausrichten, die unserer Existenz einen Sinn verleihen, und nicht nach vergänglichen weltlichen Vergnügungen, die uns letztlich unserem Sein entfremden. Unser oberstes Ziel dabei sollte es sein, anderen Wesen zu helfen.

Das Siegesbanner

Das Siegesbanner erinnert an den Triumph
der Weisheit über die Unwissenheit.

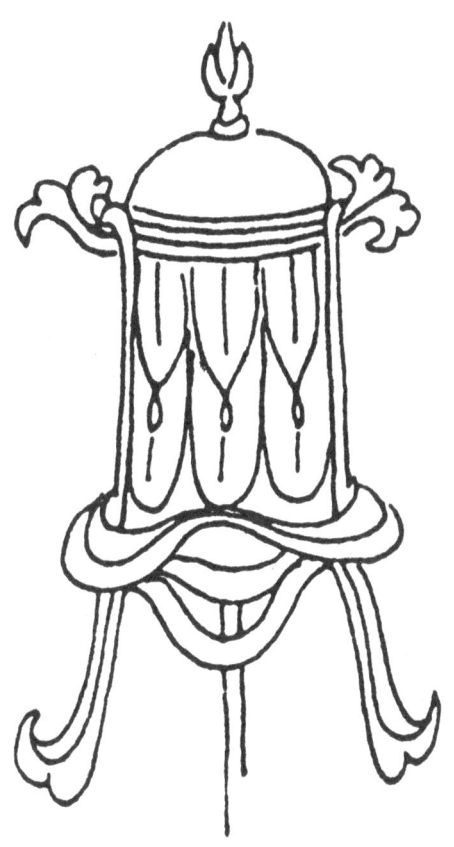

16

Es gibt keine großen und kleinen Akte der Güte. Immer wenn wir aus Güte handeln, tragen wir unseren Teil zum Weltfrieden bei. Das einzig Wichtige ist letztlich, dass wir für andere da sind und das Glück, das hieraus entsteht, genießen können. Denn Mitgefühl für andere Wesen ist die höchste aller menschlichen Tugenden.

17

Verlieren Sie keine Zeit mit Eifersüchteleien oder Streit. Meditieren Sie über die Vergänglichkeit, damit Ihnen die Kostbarkeit des Lebens wieder bewusst wird. Wenn Sie den Frieden des Geistes und des Herzens anstreben, müssen Sie Ihre geistigen Gewohnheiten ändern. Am besten lernen Sie, Ihr Herz nicht an weltliche Güter zu hängen, als ob Sie diese im Augenblick des Todes mitnehmen könnten, denn sonst ergreift im Sterben große Verwirrung Besitz von Ihrem Geist.

18

Vernachlässigen Sie Ihren Körper nicht, verwenden Sie aber auch nicht zu viel Sorge auf ihn. Achten und pflegen Sie ihn wie ein kostbares Werkzeug, das Ihr Geist braucht, um die Erleuchtung zu erlangen.

19

Ihr tägliches Tun und Lassen spiegelt Ihr Denken und Fühlen wider. Gedanken und Gefühle sind nicht per se positiv oder negativ, sondern werden von der Absicht geprägt, die dahintersteht. Diese Absicht ist es, die Ihr Karma beeinflusst, das Gesetz von Ursache und Wirkung, das Sie glücklich oder unglücklich sein lässt.

20

Wenn wir lernen wollen zu geben, sollte unser erster Schritt der sein, dass wir zunächst einmal aufhören, anderen Wesen zu schaden. Auf diese Weise bewahren wir uns selbst ebenfalls vor Schwierigkeiten, denn wenn wir anderen Leid zufügen, schaden wir damit uns selbst.

21

Der gegenwärtige Augenblick lässt sich nicht festhalten. Nichts auf dieser Welt ist von Dauer, nichts existiert aus sich selbst heraus. Warum also sollten wir die Sinnesobjekte, die wir im Augenblick erfahren, festhalten und besitzen wollen? Sie haben keine eigene Existenz, sondern sind nur Ergebnis einer ganzen Reihe von Ursachen und Bedingungen. Da sie sich jeden Augenblick verändern, sind sie nicht dauerhaft. Also sollten wir nicht versuchen, sie festzuhalten.

22

———

Die zügellose Gier macht den Geist des Menschen zum Sklaven und lässt ihm keine Sekunde Ruhe. Denn ständig strebt er danach, möglichst täglich Bedingungen zu schaffen, durch die er in den Besitz der begehrten Sinnesobjekte gelangt. Die gezügelte Gier jedoch bricht die Ketten der Sklaverei, welche den Menschen an seine Lebensumstände schmieden, seien diese nun günstig oder ungünstig. Auf diese Weise erfahren Herz und Geist Frieden.

Vajradhara

Der Buddha des reinen Gewahrseins,
der Quintessenz der Glückseligkeit.

ༀ། །ཤྲི་རྒྱར་ཀུན་འགྲོ་ཡེ་ཤེས་པ་དང་། །བདེ་ཆེ་ཆོས་ཉིད་དག་གི་ག་ཡོ་བ། །
ནུ་མེད་ཡིད་བཞིན་རིན་ཆེན་ན་གཏེར། །རྡོ་རྗེ་འཆང་ཆེན་ཞབས་ལ་ཕྱག་འཚལ་ལོ།།

23

Sich in Geduld zu üben bedeutet, dass wir Mitgefühl mit jenen Wesen entwickeln, die uns schaden, ohne ihnen jedoch zu erlauben, dass sie uns vernichten. Mitgefühl ist der beste Arzt für den Geist. Es macht ihn frei von allen Anhaftungen und zerreißt die Fesseln der störenden Emotionen.

24

Unsere Unwissenheit und unsere mangelnde Einsicht sind verantwortlich dafür, dass wir stets unser eigenes Unglück verursachen. Unser Geist reibt sich ruhelos auf zwischen dem, was wir wollen, und dem, was wir nicht wollen. Wir verhalten uns, als könnten wir unsere Lebensumstände nach Belieben wechseln wie ein Kleidungsstück. Stets übersehen wir, dass nichts Bestand hat und nichts aus sich selbst heraus existiert. Vor allem aber vergessen wir, dass wir jeden Moment sterben können.

Shri Singha

Einer der größten Meister der geheimen Lehren
über die Große Vollkommenheit (Dzogchen).

ༀ། །མཉེན་འཇེ་འརྫོ་བཔའི་ཆམ་མག་འ་ལ། །ཡེ་ཤེ་ལྔ་འི་མ་རི་འོད་གསལ
བས། །ཕྱོགས་བཞུའི་སྐྱ་བ་ལ་མ་འོང་དག །སྤྱི་བོར་ལ་འབྱུག་ག་འཚལ། །

25

Die Anhaftung an die Sinnesobjekte macht den Geist gierig und krank. Viel zu besitzen schenkt keineswegs geistigen Frieden. Denken Sie doch nur an all jene Menschen, deren Wohlstand bis an ihr Lebensende gesichert ist und die trotzdem an Ängsten, Depressionen und Unzufriedenheit leiden, weil sie nur an sich selbst denken können. Sie wissen nicht, wie viel Freude es bereitet zu geben. Dass materielle Güter nicht nötig sind, um anderen ein Lächeln zu schenken und sie damit glücklich zu machen, entzieht sich ihrer Kenntnis. Ihre materiellen Lebensumstände sind befriedigend, schenken ihnen aber kein Glück, denn egal, wie viele Mittel wir besitzen, unsere innere Situation lässt sich nur dann verbessern, wenn wir an unserem Geist arbeiten.

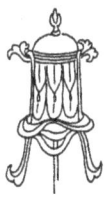

26

Möge ich in jedem Augenblick meines Lebens dazu beitragen, alle Lebewesen vom Leiden und seinen Ursachen zu befreien. Möge ich ihnen helfen können, das Glück und seine Ursachen zu erfahren. Möge ich mich stets daran erinnern, dass Mitgefühl mit allem, was lebt, bei mir selbst beginnt. Dieses Mitgefühl für sich selbst hat nichts mit Egoismus zu tun, denn mit »alle Lebewesen« sind auch wir gemeint.

27

Die Überzeugung, die wir mittels der analytischen Meditation gewinnen, erlaubt uns, unseren Geist umzuwandeln. Diese Wandlung braucht Zeit und muss mit nahezu wissenschaftlicher Methodik angegangen werden. Zunächst einmal müssen wir die Emotionen beobachten, die unseren Geistesfrieden stören, und dann die passenden Gegenmittel auswählen, um unser Ziel zu erreichen. Wir müssen wissen, wie wir uns aus dem Würgegriff der störenden Emotionen befreien können, wenn wir das Erwachen erlangen wollen. Vergessen Sie nicht, dass zwei einander entgegengesetzte Zustände nicht zur gleichen Zeit in unserem Geist existieren können. Wenn Sie also auf jemanden wütend sind, bemühen Sie sich, ihm gegenüber eine wohlwollende Geisteshaltung zu entwickeln. Wenn Ihnen dies gelingt, haben Sie den Zorn aus Ihrem Geist vertrieben, denn Zuneigung ist das Mittel der Wahl gegen Wut und Ärger.

28

Alles ist vergänglich. Nur deshalb ist es möglich, dass wir unseren Geist und die ihn aufwühlenden Emotionen umwandeln. Hass oder Zorn beispielsweise hängen von äußeren Umständen ab. Sie existieren also nicht unabhängig aus sich selbst heraus. Und sie sind im Geist nicht ständig oder dauerhaft vorhanden. Daher lassen sie sich bezähmen, umwandeln und schließlich beseitigen. Dazu ist es notwendig, dass wir sie in ihrem jeweiligen Zusammenhang erkennen, dass wir die Umstände analysieren, unter denen sie entstanden sind, und ihren Sinn begreifen. Denn wenn wir dauerhaftes Glück erlangen wollen, müssen wir unseren Geist von allen negativen Emotionen reinigen.

29

Leiden ist weder sinn- noch nutzlos, sondern das Ergebnis unseres Karmas. Karma ist das Gesetz von Ursache und Wirkung, das den Kreislauf der Wiedergeburten beherrscht. Doch dieser Begriff ist schwer zu verstehen, wenn man nicht an das Phänomen der Wiedergeburt glaubt. Alles, was wir in der Abfolge unserer Lebenszeiten je gedacht beziehungsweise getan haben, zeitigt in der Verbindung mit der dahinterstehenden Absicht positive oder negative Auswirkungen. Dieses grundlegende Prinzip gilt in größerem Maßstab auch für Völker oder Länder. Was meinem Volk in Tibet widerfahren ist, ist Resultat des dort angesammelten Karmas. Was jedoch nicht bedeutet, dass nicht auch die Tibeter ein Recht auf Einhaltung der Menschenrechte, auf Achtung ihrer jahrtausendealten Kultur, Philosophie und Religion haben, die die tibetische Kultur prägen. Karma und Schicksal sind nicht dasselbe. Wir müssen aus unseren Lebensumständen lernen, damit wir positiv und verantwortungsvoll auf sie reagieren können.

Die goldenen Fische

Fische können sich im Wasser frei bewegen
und zeugen viel Nachwuchs. Daher
symbolisieren sie Wohlstand und Glück.

30

——

Wie wollen wir Frieden in der Welt schaffen, wenn wir uns nicht einmal bemühen, die Natur zu achten? Wir alle, Mensch und Tier, sind eng miteinander verbunden, hegt doch jedes Lebewesen den Wunsch, kein Leid zu erfahren und Lebensumstände zu genießen, die Frieden und Wohlergehen begünstigen. Dies sollten wir nie aus den Augen verlieren, denn jedes Lebewesen hat das Recht auf ein Leben frei von Leid. Damit dies möglich wird, sollten wir daran arbeiten, ein besserer Mensch zu werden, damit wir anderen als Beispiel dienen können.

31

Die Übung des Mitgefühls ist das Herzstück des buddhistischen Weges. Mitgefühl ist deshalb so wichtig, weil es uns erlaubt, in angemessener Weise für das Wohl der anderen zu arbeiten und so zu handeln, dass wir keine Ursachen für neues Leid für uns und andere, mit anderen Worten »schlechtes« Karma, schaffen. Mitgefühl ist eine tief empfundene Hinwendung zu all jenen, die leiden – ohne Unterschied. Es entsteht aus dem starken Wunsch, anderen zu helfen. Um die Kraft dieses Wunsches zu stärken, rezitieren Buddhisten Tag für Tag folgendes Gebet: »Möge ich fähig sein, den Wesen zu helfen, sich vom Leiden und seinen Ursachen zu befreien und die Ursachen und Bedingungen des Erwachens zu schaffen.«

Vajrasattva

Der Buddha der grundlegenden Reinheit des Geistes.

ཀྱེ། །བོད་གངས་ཅན་ལ་ཡེ་ཤེས་སྐུ་བཞེས་ཤིང༌། །མཚན་རྟགས་གློག་དང་ལྡན་ཅིང་དལ་འབབ་རབ་བཞི། །
སྐུ་གསུང་ཐུགས་སྦྲུལ་རྣལ་འབྱོར་ཆོ་གའི་གསང་བ་ཅན་རྒྱུད། །རྗེ་རྗེ་མེ་མདགས་པ་དལ་ལ་ཕྱག་འཚལ་བོ། །

32

Wir alle wollen glücklich sein. Niemand will wirklich leiden. Dies müssen wir begreifen, wenn wir unseren Geist umwandeln wollen. Wenn wir uns diese Tatsache bewusst machen, ergreift uns eine große Zuneigung zu den Wesen, eine tiefe Liebe, die spontan in unserem Geist entsteht. Doch dies ist nur möglich, wenn wir auch in der Lage sind, Liebe und Achtung für uns selbst zu entwickeln. Zu glauben, dass wir andere Wesen lieben können, wenn wir uns selbst ablehnen und verabscheuen, ist unsinnig.

33

___

Das Prinzip der wechselseitigen Abhängigkeit der Wesen und Erscheinungen lehrt uns, dass wir ständig mit den anderen, der Natur und dem Kosmos verbunden sind. Wir sind voneinander abhängig. Das bedeutet, dass wir für unser Denken, unser Leben, ja für die geringste unserer Handlungen verantwortlich sind. Schließlich beeinflussen wir damit den Rest des Universums. Aus dieser wechselseitigen Abhängigkeit ergibt sich darüber hinaus auch die Verpflichtung, allen Lebewesen zu helfen, sich vom Leid zu befreien und die Ursachen des Glücks zu schaffen. Allen Wesen zu helfen heißt, dass wir die Ursachen des Leides, das in uns direkt entsteht, positiv beeinflussen müssen. Das ist die wahre Bedeutung des Prinzips der wechselseitigen Abhängigkeit.

34

Jeder Mensch – ob nun mit Unterstützung eines spirituellen Meisters oder ohne – ist selbst dafür verantwortlich, diejenige Praxis zu finden, die ihm am meisten liegt und die seinen Bedürfnissen am angemessensten ist. Dies ist ein ganz wichtiger Punkt, wenn man jene innere Wandlung anstrebt, die zu geistigem Frieden und zur Entwicklung jener Qualitäten führt, die aus uns gute Menschen machen. Daher ist es von entscheidender Bedeutung, dass spirituelle Meister ihre Lehren auf die Neigungen und geistigen Fähigkeiten der Schüler abstimmen, wie Shakyamuni Buddha dies zu seiner Zeit tat. Schließlich ernähren Sie sich ja auch anders als Ihr Nachbar. Jeder isst so, wie es seiner körperlichen Konstitution angemessen ist. Derselbe Grundsatz gilt für die Aufnahme geistiger Nahrung.

35

Unser Glück ist abhängig vom Glück der anderen. Aus diesem Grund ist es so wichtig, alles zu tun, damit die anderen Lebewesen glücklich sind. Manchmal befällt uns jedoch das Gefühl, dass wir dieses Ziel nie erreichen werden. Wir fühlen uns ohnmächtig und glauben, keine große Hilfe zu sein. Doch es ist wichtig, sich nicht entmutigen zu lassen und weiterhin positiv zu handeln, denn nur so entwickelt sich in uns die Fähigkeit zu echtem Mitgefühl, das uns geistigen Frieden bringt.

Vimalamitra

Einer der indischen Meister,
der nach Tibet kam, um dort Dzogchen,
die Große Vollkommenheit, zu lehren.

༄༅། །གཙན་བཙུན་རོ་སྟོང་རླུ་མེ་དུ་ཀྱི། །གསུང་རབ་པ་པ་ཧྲེ་རིག་འཛེ་ཅིད། །
འགྲོ་བའི་མ་རིག་མུ་ལ་སེལ། །ཞིམ་མི་ཏུ་ལ་ཕྱག་འཚལ། །

36

Wenn es Ihnen schwierig erscheint, anderen zu helfen, versuchen Sie doch, sich als intelligenter Egoist zu verhalten. Anderen Gutes zu tun schafft schließlich positive Beziehungen und günstige Umstände, die Ihnen am Ende selbst zugutekommen werden.

37

Um angemessen handeln zu können, müssen neben den verschiedenen Methoden zur Entwicklung von Mitgefühl auch Einsicht und Weisheit angestrebt werden. Einsicht und Weisheit sind unverzichtbar, wenn wir die wahre Natur der Dinge verstehen wollen, die grundlegende Natur unseres Geistes. Eine korrekte Einschätzung dessen, was Sie empfinden oder erleben, ist nur dann möglich, wenn Sie ein Objekt oder eine Situation aus verschiedenen Blickwinkeln betrachten. So entwickeln Sie eine von Einsicht getragene Haltung den Dingen gegenüber und legen jede zwanghafte Reaktion oder negative Emotion ab.

38

Um Erleuchtung zu erlangen ist eine korrekte Sicht der Wirklichkeit vonnöten. Im Buddhismus haben wir zwei Begriffsebenen entwickelt, um diese Wirklichkeit besser zu verstehen. Man spricht von den zwei Wahrheiten, der relativen und der absoluten Wahrheit. Die relative Wahrheit ist das, was wir ständig mit unseren Sinnen wahrnehmen. Die absolute Wahrheit entzieht sich jeder Beschreibung, weil sie jenseits aller Konzepte liegt. Den Lehren zufolge ergänzen die beiden Ebenen der Wahrheit einander. Sie sind untrennbar miteinander verbunden wie die Flügel eines Vogels, der beide braucht, damit er fliegen kann. Die Wirklichkeit spiegelt sich in diesen zwei Ebenen der Wahrheit wider.

39

Normalerweise nehmen wir die Natur der Dinge falsch wahr. Der Unterschied zwischen dem, was wirklich ist, und dem, was wir wahrnehmen, ist die Quelle unserer Leiden. Wenn wir unseren Geist umwandeln, lernen wir, die Welt so zu sehen, wie sie im gegenwärtigen Augenblick ist, ohne sie zu interpretieren. Unsere Projektionen und Vorstellungen bestimmen nicht mehr länger unsere Wahrnehmung. Dies ist ein wichtiges Fundament für den geistigen Frieden.

40

Wenn wir mit dem Leid anderer konfrontiert sind, kann es geschehen, dass wir selbst unglücklich werden und uns vom Leid überwältigen lassen, was unsere eigenen Schwierigkeiten noch verstärkt. Dieses Empfinden aber hat mit Mitgefühl nichts zu tun. Wenn wir echtes Mitgefühl haben, leiden wir nicht, sondern spüren großen Mut in uns. Der Wunsch, alles zu tun, um das Leiden der Wesen zu lindern, wird wichtiger als unser eigenes Leid. Aus diesem Mitgefühl heraus zu handeln erzeugt grenzenlose Freude.

Vairochana

Vairochana hält das Rad der Lehre in der Hand,
die die dualistische Wahrnehmung reinigt.

41

Alle zusammengesetzten Erscheinungen müssen sich wieder auflösen. Sie sind unbeständig, flüchtig und vergänglich. Dasselbe
gilt für unseren Körper, obwohl wir dies häufig vergessen, weil
wir an ihm so sehr hängen. Viele Menschen, die sich dieser Tatsache bewusst werden, empfinden darüber großes Leid. Doch
wenn wir uns klarmachen, wie die Dinge tatsächlich sind, können wir viel leichter akzeptieren, dass nichts eine eigenständige
Existenz besitzt. Dies wiederum zeigt, dass auch das Leiden unbeständig, flüchtig und vergänglich ist und nicht aus sich selbst
heraus existiert. Diese Erkenntnis hilft uns in schwierigen Lebensumständen oder wenn wir auf Herausforderungen stoßen,
die wir meistern müssen.

42

Bestimmte Wünsche sind sinnvoll und akzeptabel, wenn man einem spirituellen Pfad folgt. Ein Buddhist wird sich beispielsweise wünschen, seinen Geist lenken zu können. Jemand, der an Gott glaubt, hegt den Wunsch, Gottes Gebote zu befolgen. Beides sind sinnvolle Wünsche. Von Wünschen aber, die sich auf Objekte der Außenwelt beziehen, kann dies nicht gesagt werden, da sie Anhaftung und negative Emotionen in unserem Geist verstärken. Diese Neigungen, diese Abhängigkeit gilt es einzuschränken. Denn die Vorstellung, etwas Äußeres könne irgendwann einmal all unsere Wünsche erfüllen, ist eine Illusion.

Das Muschelhorn

Das Muschelhorn ist ein häufig benutztes Musikinstrument
und symbolisiert die ruhmreichen Lehren des Buddha,
die sich – wie sein Klang – in alle Welt verbreiten.

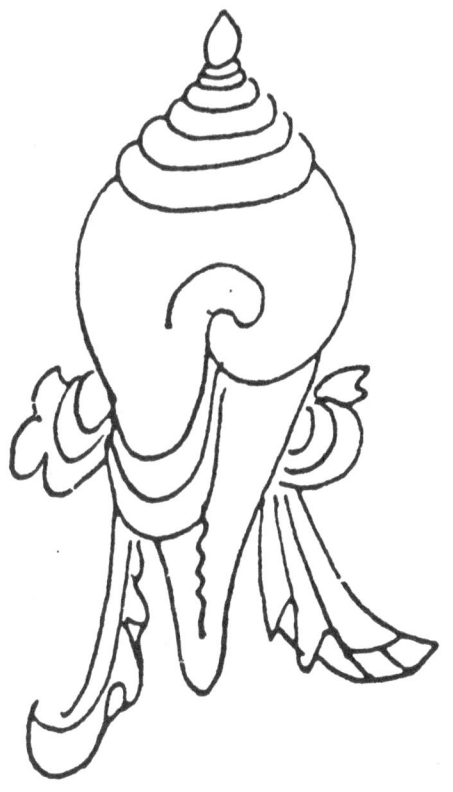

43

Die Tibeter legen großen Wert darauf, dass eine werdende Mutter von der Empfängnis an einen ruhigen, gelassenen und glücklichen Geisteszustand bewahrt, damit das Kind sich gut entwickeln kann. Auch im Westen erkennen immer mehr Menschen die Wichtigkeit dieser Haltung. Sie verstehen, dass eine Schwangere, deren Geist von Angst, Zorn, Gier oder Neid erfüllt ist, das Ungeborene negativ beeinflusst. In der Regel empfehlen wir auch, dass das Kind gestillt wird, denn die Muttermilch steht für Zuneigung. Das Wichtigste in der Beziehung zwischen Mutter und Kind ist die Zuwendung, die beide verbindet. Die Wissenschaft hat festgestellt, dass Zärtlichkeit, die sich auf der körperlichen Ebene ausdrückt, bei der Entwicklung des kindlichen Gehirns eine enorme Rolle spielt.

44

Vor dem Hintergrund des modernen und sehr aktiven Lebens im Westen mag es manchen Menschen unmöglich erscheinen, am Geist zu arbeiten. Doch hier kommt die Kraft der Entschlossenheit ins Spiel. Sie verleiht den Mut, sich jetzt ohne Zögern ans Werk zu machen, unter welchen Umständen auch immer. Wenn man es wirklich will, ist es durchaus möglich, seinen Geist umzuwandeln, selbst wenn man weiterhin seinen alltäglichen Pflichten und Aktivitäten nachgeht und sich um Arbeit und Familie kümmert.

45

Ob wir in der Lage sind, die Qualitäten von Liebe und Mitgefühl zu entwickeln und unseren Geist entsprechend umzuwandeln, hängt in erster Linie von der Kraft unserer Entschlossenheit ab. Um diese zu wecken und zu stärken, sollten wir den Blick nach innen wenden. Wir sollten uns selbst genauestens untersuchen und unseren Wunsch nach Wandlung und Studium hegen und pflegen. Unser Verstand wird uns helfen, diese positive Einstellung zu entwickeln, und unsere Weisheit wird mit ihr wachsen. Zumindest am Beginn des Weges sollten wir bei Weisheit und Vernunft Zuflucht nehmen, um diese Haltung hervorzubringen.

89

46

Natürlich fordert im Alltag die Arbeit unsere ganze Aufmerksamkeit, doch das hindert die Menschen gewöhnlich nicht daran, sich zu amüsieren, spazieren zu gehen oder in den Urlaub zu fahren. Wenn Sie also tatsächlich den Wunsch hegen, sich zu wandeln, werden Sie auch die dazu nötige Zeit finden. Hier genügt einfach der tief empfundene Wunsch.

47

Wenn man gerade erst beginnt, einem spirituellen Weg zu folgen, mag dieses Vorhaben auf den ersten Blick schwierig erscheinen. Allmählich aber gewinnt man an Erfahrung, und Schritt für Schritt nehmen unser Wunsch nach spiritueller Entwicklung und unsere Entschlossenheit zu. Sie werden fest und unerschütterlich, sodass wir lernen, unseren Geist in jeder Situation umzuwandeln, im Berufsleben, in der Familie oder im Alltag. Sobald wir auf diese Art und Weise wachsam werden, wächst auch unser Gewahrsein des gegenwärtigen Moments. Dies spiegelt sich in all unseren Aktivitäten wider, vor allem aber in unserem Verhalten anderen Menschen gegenüber.

Buddhismus zu praktizieren bedeutet, dass wir unausgesetzt daran arbeiten, uns selbst zu verbessern, indem wir unsere Zeit sinnvoll nutzen.

Jamgon Mipham

Ein großer Lehrer, der während der Neubelebung
des Buddhismus in Tibet im 19. Jahrhunderts eine
bedeutende Rolle spielte. Sein Hauptaugenmerk lag
auf der Überwindung von Sektierertum zwischen
den einzelnen buddhistischen Richtungen und Schulen.

ༀ། སྤོབོ་ཡང་དག་རིག་པ་བཞིན། ཁ་ཉེ་རུ་རབ་ཚོགས་ཤིན་སུ་ཉེ་བའི་བརྡ། །

ཕྱོག་ས་པམས་ཀུ་མཀུ་ལ་ཕྱེ་ད། །ཁ་བགབ་གོ་ཉིས་མགབ་པས་ཏུ་གགང་ཚོ་ལ། །

48

Wenn Sie merken, dass Sie auf einen Kollegen eifersüchtig sind, der mehr Erfolg hat als Sie, oder dass Sie jemanden beneiden, der etwas besonders Wertvolles besitzt, wandeln Sie diese innere Einstellung um, indem Sie das richtige Gegenmittel zu ebendieser negativen Emotion finden. Im eben geschilderten Fall würde man versuchen, sich über das Glück des anderen zu freuen.

49

Unsere Wünsche werden nie an Grenzen stoßen, wenn sie sich auf das Erkennen des Geistes und die Entwicklung unserer menschlichen Qualitäten beziehen. Hier dürfen wir unser Verlangen unermesslich werden lassen, sodass wir uns mit dem Erreichten niemals zufriedengeben. Wie sonst sollten wir je Mitgefühl, Liebe und Toleranz entwickeln?

Der Wunsch, diese inneren Qualitäten zu entwickeln, sollte stark, grenzenlos und vollkommen frei von irgendwelchen Zwängen sein.

Akshobya

Akshobya, einer der transzendenten Buddhas,
hält einen Vajra, einen Donnerkeil, in der Hand.
Dieser steht für absolute Unzerstörbarkeit.
Akshobya bedeutet wörtlich »der Unerschütterliche«.
Nichts kann ihn aus seiner heiteren Gelassenheit reißen.

50

Wir müssen uns stets über die Natur unserer Absichten Rechenschaft ablegen. Wenn unsere Absichten auf Wohlwollen gründen, werden die Handlungen von Körper, Rede und Geist davon bestimmt sein. Die Veränderung unserer geistigen Gewohnheiten ist die Grundlage für die Umwandlung unseres Geistes sowie der Handlungen, die aus unserer inneren Haltung erwachsen. So sollten wir beispielsweise darauf achten, dass wir niemandem Unrecht tun, weder Hochmut noch Neid empfinden und uns nicht ständig darüber Gedanken machen, ob wir jetzt viel oder wenig verdienen. Sobald diese negativen Emotionen sich in uns nicht mehr breitmachen können, verändert sich unser Geist. Wir wenden uns stärker unseren Mitmenschen zu, unser soziales Verhalten ist darauf ausgerichtet, anderen zu helfen.

51

Jedes Wesen ist anders geartet und besitzt unterschiedliche Anlagen. Daher lässt sich nicht so einfach sagen, was für den Einzelnen das Beste ist. Beim Erleuchtungsgeist ist dies anders. Diese innere Haltung, bei der man sich selbst vervollkommnet, um anderen zu helfen, und über die Vergänglichkeit in all ihren Formen meditiert, kann ich allen Menschen nur wärmstens ans Herz legen.

Es gibt verschiedene Arten der Vergänglichkeit: Die Vergänglichkeit auf der »groben« Ebene bezieht sich auf die materiellen Aspekte der Existenz. Die Vergänglichkeit auf der »subtilen« Ebene zeigt sich in jeder Sekunde in uns, um uns herum und in unserem Geist. Wenn wir über die Vergänglichkeit meditieren, lernen wir, die wahre Natur des Leidens zu durchschauen. So sind wir den Ursachen und Bedingungen, die in unserem Leben negative Folgen zeitigen, nicht mehr ausgesetzt. Wir entwickeln stattdessen geistigen Frieden.

52

Wir nehmen Vergangenheit und Zukunft ungeheuer wichtig. Wir leben, als wäre beides ständig da. Daher vergessen wir, im Augenblick zu leben. Dabei ist das Leben im gegenwärtigen Augenblick das Allerwichtigste, weil wir nur in diesem Moment etwas dafür tun können, unseren Geist umzuwandeln und positive Emotionen hervorzubringen, die uns helfen, andere zu unterstützen.

53

———

Meditation und Kontemplation helfen uns, die Gegenwart besser zu begreifen. Wir lernen, gelassen im Augenblick zu leben und uns von dem, was wir mögen oder ablehnen, nicht so sehr aus der Fassung bringen zu lassen, selbst wenn wir es in Vergangenheit oder Zukunft hineinprojizieren. Wenn wir auf ein Problem stoßen, ist es wichtig, dass wir dieses in seinen wahren Dimensionen sehen. Wenn es eine Lösung gibt, sollten wir sie unverzüglich anwenden. Gibt es aber keine Lösung, dann hat es keinen Sinn, sich zu beunruhigen, weil wir damit nur unsere negativen Gefühle verstärken. Warum also sollten wir uns über unser Problem aufregen?

Analysieren wir die Ursachen und Bedingungen, die zur Entstehung des Problems geführt haben, erkennen wir, dass sie zahllos sind. So nehmen wir das Problem aus einem größeren Blickwinkel wahr und hören auf, unser Glück beziehungweise Unglück auf ein Objekt oder ein Wesen zurückzuführen. Wir sehen klarer, was uns geschieht, und sind von äußeren Umständen weniger abhängig.

54

Negative Gedanken und Emotionen verhüllen die wahre Natur unseres Geistes, seine klare Lichthaftigkeit. Sie sind so zahlreich, dass sie uns am Gängelband führen, wenn wir nicht lernen, sie zu meistern. Ob wir nun Buddhisten sind oder nicht, wir können ja ruhig einmal darüber nachdenken, ob es das Ich, das in unseren Gedanken vorkommt, tatsächlich gibt.

Gibt es irgendwo ein Ich? Meditation und Analyse erlauben uns am Ende sogar, zwischen der Person, die ein Gefühl (wie Eifersucht, Zorn, Hass) hat, und dem Gefühl selbst zu unterscheiden. Schritt für Schritt erkennen wir so, was sich in unserem Inneren tatsächlich abspielt. Wir merken, dass zwischen unserem Geist und dem, was ihn gewöhnlich umtreibt, ein Unterschied ist. Dies hilft uns, den Geist zu zähmen.

55

Wenn wir spüren, dass wir angespannt und ängstlich sind, sollten wir uns die Frage stellen, ob das ängstliche Ich, das uns in
diesem Moment beherrscht, tatsächlich existiert. Wenn wir versuchen, die wahre Natur dieses Ich herauszufinden, schwinden
Angst und Anspannung.

56

Das Verständnis der wechselseitigen Verbundenheit der Wesen und Erscheinungen fördert Frieden und Gewaltlosigkeit sowohl in den Menschen als auch in der Außenwelt. Die wechselseitige Verbundenheit ist eines der grundlegenden Prinzipien der buddhistischen Lehre. Alle Erscheinungen, alle Wesen können nicht für sich allein existieren, sondern hängen von anderen Wesen sowie vom Rest der Welt ab. Nichts besteht für sich allein. Alles entsteht aus Ursachen und Bedingungen, die wiederum voneinander abhängig sind.

Der Lotos

Der Lotos wächst aus dem Schlamm und
erhebt seine Blüte etwa zwanzig bis dreißig Zentimeter
über den Wasserspiegel. Aus diesem Grund gilt er
als Symbol für die unzerstörbare Reinheit des Geistes.

57

Da alle Wesen und Erscheinungen voneinander abhängig sind, ist die Welt in steter Veränderung begriffen. Selbst wir verändern uns ständig, weil wir aus Ursachen und Bedingungen entstanden sind. Doch wir neigen dazu, Ereignissen nur eine einzige Ursache zuzuordnen.

In der Folge geben wir uns die größte Mühe, diese Ursache herbeizuführen oder auszulöschen, je nachdem, ob wir das Ergebnis wünschenswert finden oder nicht.

Diese Haltung zeigt, dass wir das Prinzip der wechselseitigen Abhängigkeit von Wesen und Erscheinungen nicht verstanden haben.

58

Unser Glück oder Unglück wird niemals von einer einzigen Person beziehungsweise Situation verursacht. Wenn wir verstehen wollen, was uns widerfährt, müssen wir uns um eine ganzheitlichere Sicht der Dinge bemühen. Wir sollten unser Verständnis der Wirklichkeit erweitern. Ziel ist es, die Vielzahl der voneinander abhängigen Ursachen und Bedingungen zu erkennen, die zu einer bestimmten Situation geführt haben. Sobald wir dies verstanden haben, hat es keinen Sinn mehr, beispielsweise einen Menschen für eine Situation verantwortlich zu machen, die uns Schmerz bereitet. Wir müssen lernen, dass Aussagen wie »Es ist seine Schuld.« oder »Die Umstände sind dafür verantwortlich.« keinen Sinn haben.

Diese Art der Wahrnehmung ist irreführend. Wir sind allein verantwortlich für das, was uns widerfährt, sei es nun gut oder schlecht. Das ist das Gesetz des Karma, das Gesetz von Ursache und Wirkung, das für alle Erscheinungen gleichermaßen gilt. Dies zu verstehen und zu akzeptieren trägt zur Entwicklung geistigen Friedens bei.

Ratnasambhava

Ratnasambhava ist der Buddha der Freigebigkeit.
In seiner Hand trägt er das wunscherfüllende Juwel.

59

Wenn jemand engstirnig ist, sagt man, dass er keine Weisheit besitzt. Nur wer über eine umfassende Sicht der Dinge verfügt, kann als Weiser bezeichnet werden. Das Verständnis der wechselseitigen Abhängigkeit der Phänomene, das mit Weisheit und Einsicht einhergeht, erweitert unseren Blickwinkel und verhilft uns zu mehr bewusstem Abstand dem Alltag gegenüber.

60

Wenn wir das Prinzip der wechselseitigen Verbundenheit der Erscheinungen verstanden haben, begreifen wir damit die wahre Natur der Dinge und sehen, wie die Wirklichkeit tatsächlich funktioniert. Damit verändert sich nicht nur unsere Weltsicht, sondern auch unser Verhalten und unsere Gewohnheiten.

Warum also sollten wir in Verzweiflung verfallen und über die Ungerechtigkeit des Lebens lamentieren, wenn wir in eine für uns schmerzhafte Situation geraten? Denken Sie vielmehr an all jene Menschen, die in einer ähnlichen Lage sind. Schon haben Sie Ihren Blickwinkel erweitert. Machen Sie sodann Ihre Anhaftung an Ihr Leiden zur Opfergabe, um all jenen, die sich in der gleichen Situation befinden, zur Freiheit vom Leiden zu verhelfen. Anfangs scheint dieser Schritt sehr schwer durchführbar, doch wir lernen dabei, weniger egoistisch zu sein, und schließlich stellen wir fest, dass wir wahren geistigen Frieden erlangt haben.

Natürlich können wir diese Praxis auch ausüben, wenn wir großes Glück empfinden. Dann opfern wir auch dieses zum Wohle aller Wesen.

Der fünfte Dalai Lama

Der »Große Fünfte«, wie er auch genannt wird,
wusste zeit seines Lebens mit großem Fingerspitzengefühl
die Anforderungen von Politik, Spiritualität, Kunst und Erkenntnis in Einklang zu bringen. Er war einer
der größten Staatsmänner seines Landes.

ཀྱེ༔ ཚེ་རིང་དབ་ཁྱབ་ལ་རྫོགས་ཆེན་རོ་རྗེ་རི་བ་དྲ༔ ཆ་གཀ་ཨ་ཀྱི་སྤྲུལ་སྐུ་གསུམ་བ་ཁ་ལ་སྐུ་ཧྲུ་ཨ་ཚོ་མ་ །

རེ་རཔ་འི་དྲི་ཁྱེ་བ་དུ་དབ་དཔ་བ་ཐ་མ་ཁྱེ་ར་ལཅ་ཚཻ་ར་ཚ་མ་ཧྱ་དུ་ལ་གཀ་པ་ཁ་ལ་ཤྲུ་ལ་གཀ་པ་འཆ་ཚ་འེ་སྤ། །

61

Weisheit lässt uns das Prinzip der wechselseitigen Verbundenheit verstehen. Einsicht lässt uns die wahre Natur der Dinge begreifen. Wenn wir dies im Kopf behalten, wird schnell klar, weshalb die Entwicklung von Liebe und Mitgefühl gegenüber anderen Menschen gleichzeitig uns selbst nützt. Und warum wir uns umgekehrt selbst schaden, wenn wir anderen ein Bein stellen.

Im ersten Fall gibt es zwei Gewinner. Im zweiten zwei Verlierer.

62

Das Verständnis der wechselseitigen Verbundenheit ist sehr wichtig, wenn wir Phänomene wie Terrorismus oder Fanatismus begreifen wollen. Viele Menschen denken, man müsse einfach nur die Terroristen gefangen nehmen. Sicherlich sind die Taten, die von solchen Extremisten begangen werden, schwerwiegend. Es wäre ein Fehler, darauf nicht zu reagieren. Doch wir sollten wissen, dass solche Ereignisse aus einer enormen Anzahl von Ursachen und Bedingungen entstehen. Diese Haltung wird von unzähligen verschiedenen Faktoren hervorgebracht. Viele Menschen, die ihrer religiösen Tradition stark verbunden sind, besitzen einen recht eingeschränkten Blickwinkel, was ihre Wahrnehmung der Wirklichkeit beeinträchtigt und für ihre Haltung verantwortlich ist.

Eine umfassendere Sicht, eine klarere Wahrnehmung der Dinge würde jenen Menschen sowohl auf kurze wie auf lange Sicht mehr Ruhe und Zufriedenheit schenken. Dies könnte ihnen helfen, ihre Verhaltensweisen zu ändern.

63

Wollen wir uns innerlich wahrhaft verändern, müssen wir uns für die Einhaltung ethischer Disziplin entscheiden. Wir sollten uns diesen Entschluss nicht von außen aufdrängen lassen. Er muss aus unserer Einsicht in die günstigen Umstände erwachsen, die sich einstellen werden, wenn wir tatsächlich ethische Disziplin üben.

64

Wollen wir einen Beruf ergreifen oder bestimmte Kenntnisse erwerben, so sind wir bereit zu lernen, zu arbeiten und dafür Zeit aufzuwenden. Wir überlegen, was wichtig für uns ist, was für uns am meisten zählt, und strengen uns dann an, um dieses Ziel zu erreichen. Genau dasselbe gilt, wenn wir uns für die Einhaltung ethischer Disziplin entscheiden.

65

Wir sind Menschen. Wir haben alle dieselben Wünsche. Ich bin wie Sie. Wenn auf meinem Weg Probleme auftauchen, versuche auch ich, meinen Geist zu erforschen und genau zu analysieren, was gerade geschieht, um meinen Seelenfrieden wiederzufinden. Dies ist eine positive Haltung, die wir alle einnehmen können.

Wir leben in Ländern, in denen materieller Wohlstand, Technologie und Komfort sehr hoch entwickelt sind. Gerade deshalb dürfen wir unsere Hoffnung auf Glück nicht auf etwas gründen, was sich außerhalb unser selbst befindet.

Wohlbefinden, Gelassenheit, innerer Friede entwickeln sich nur in unserem Geist. Daher müssen wir uns auf die Suche nach den inneren Ursachen für diesen Geisteszustand machen.

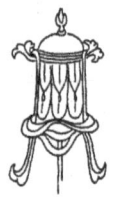

66

Wir sollten unser Glück auf Dauer sicherstellen. Unsere Sorgen kurzfristig zu zerstreuen ist nicht schwer. Wir können ein frisch gezapftes Bier trinken und werden durch den Alkohol fröhlich. Doch diese trügerische Fröhlichkeit vergeht wieder, die Sorgen bleiben.

Wenn wir wollen, dass unser Glück beständig bleibt, müssen wir die Art verändern, wie unser Geist arbeitet. Diesen Rat gebe ich all meinen Freunden.

67

Um unseren Geist zu verändern, müssen wir nicht unbedingt einer Religion angehören. Dieser Weg steht allen Menschen offen, ob sie nun gläubig sind oder nicht. Natürlich stellt uns eine spirituelle Tradition bestimmte Mittel zur Verfügung, um dieses Ziel zu erreichen, unabdingbar notwendig ist sie aber nicht.

Aus ebendiesem Grund spreche ich häufig von einer »weltlichen Ethik«, die alle Wesen einschließt, gläubige und nichtgläubige.

Amitabha

Amitabha stellt das grenzenlose Licht
des vollkommenen Mitgefühls dar.

68

Alle religiösen oder kulturellen Grenzen sollten überwunden werden, damit alle Wesen sich von einer umfassenden Ethik getragen fühlen können, die auf den universellen Prinzipien des Menschseins beruht.

Das wäre eine echte spirituelle Revolution, die auf den positiven Eigenschaften des Menschen beruht: Mitgefühl, Liebe, Toleranz, Achtung und Verantwortungsgefühl.

69

———

Im Buddhismus wird Ethik so definiert: für das Wohlbefinden
der Wesen arbeiten, ihnen weder Unrecht noch Schaden zufügen. Dies ist die Grundlage für eine Haltung des Nicht-schaden-
Wollens, des Mitgefühls und der Liebe allen anderen Wesen
gegenüber. Wenn unser letztendliches Ziel ist, so viel wie möglich
für andere zu tun, ihnen so viel Gutes wie irgend möglich ange-
deihen zu lassen, dann müssen wir in jedem Augenblick unseres
Lebens tun, was wir können, um diese Fähigkeit zu verwirklichen.

Der endlose Knoten

Die Verflechtungen des endlosen Knotens erinnern
uns daran, dass alle Phänomene miteinander
in Verbindung stehen.

70

Ethische Disziplin (Skrt. *shila*), Meditation (Skrt. *samadhi*) und
Weisheit (Skrt. *prajna*) sind die Faktoren, die zur Erleuchtung
beitragen. Diese Faktoren ergänzen einander.

Sich keiner ethischen Disziplin zu unterwerfen bedeutet im
Wesentlichen, dass man mit seinem Lebenswandel anderen
Wesen Schaden zufügt. Wenn wir uns so verhalten, schaden wir
nicht nur anderen, sondern legen damit auch die Samen für
unser eigenes Leid. Dies müssen wir uns klar vor Augen führen,
wenn wir eine ethische Disziplin entwickeln wollen, die sich auf
Einsicht und Weisheit gründet. Die höchste Stufe dieser Ethik ist
die Vorstellung, dass das Glück der anderen mehr zählt als unser
eigenes.

71

Die störenden Emotionen, die unseren Geist verdunkeln, hindern uns daran, die Folgen unseres Handelns klar zu erkennen. Nur deshalb sind wir in der Lage, anderen Wesen Schaden zuzufügen. Wenn wir unseren Geist umwandeln wollen, müssen wir alle schädlichen Geistesfaktoren in uns auflösen.

Unterstützend wirkt, wenn wir über die Vorteile nachdenken, die wir aus einer korrekten ethischen Disziplin ziehen würden, also aus der vollständigen Aufgabe egoistischen Denkens. Wenn wir lernen, unsere Aufmerksamkeit und unser Denken in positiver Weise auf andere Wesen zu richten, entwickeln wir Schritt für Schritt die höchste Stufe der Ethik, die darauf abzielt, allen Wesen Gutes zu tun. Dies aber wird uns nur gelingen, wenn wir uns dabei auf die Regeln der ethischen Disziplin stützen, die uns helfen, ein aufrechtes, rechtschaffenes und ehrliches Leben zu führen.

Rangjung Dorje

Der dritte Karmapa war eine der wichtigsten religiösen Gestalten Tibets. Er wurde vor allem für seine Offenheit gegenüber anderen Schulen bekannt.

ༀ། །ཕྱོག་ཉིད་དབང་རྒྱུ་གདགས་ལས་ཆེན་ཕྱི་དཔར་རྗུ། །པ་དཀུ་ཤིས་ཆེན་ཉི་ཅུ་ཆུ་རྣམས་དཀོ་ལོག་ཏེ།

ཏོ་དཀྱ། །ཀྱི་ཤིག་ཀ་ཤུ་རྒྱུ་ཚོ་ཉི་རྣམ་རྒྱུ་བ་ཤོ། །རང་རྒྱུ་རྗེ་རྒྱུ་ཀ་ཤུ་རྒྱུག་རྫུ་ཅོ། །

72

Wir sind fähig, anderen Wesen gegenüber Zuneigung, Liebe und Mitgefühl zu entwickeln, wenn wir uns bewusst machen, dass wir die unbegrenzte Fähigkeit zur menschlichen Zuwendung besitzen. Wir alle kennen dieses Gefühl, das sich auf spontane und natürliche Weise zwischen Mutter und Kind einstellt. Ohne diese Zuwendung könnten wir Menschen nach der Geburt nicht überleben. Dieses Gefühl lebt in allen Menschen. Aus diesem Grund sind wir zur innigen Liebe fähig.

73

Einen Aspekt der Ethik vernachlässigen wir meist, obwohl er sehr wichtig ist: nämlich das Verhalten, das wir uns selbst gegenüber an den Tag legen. Wir sollten weder anderen noch uns selbst schaden. Wenn wir uns selbst nicht leiden können, können wir auch anderen nichts Gutes tun! Wir sollten uns klarmachen, dass wir alle uns wünschen, glücklich zu sein, und dass dieser Wunsch gerechtfertigt ist. Ihn zu akzeptieren und die Voraussetzungen für unser eigenes Glück zu schaffen, bilden eine gute Grundlage, um diese Haltung auf andere auszudehnen.

Wenn wir also das Bodhisattvagelübde ablegen und damit geloben, allen Wesen zur Erleuchtung zu verhelfen, müssen wir diesen Wunsch zuerst auf uns selbst anwenden.

74

Es kommt vor, dass wir anderen Schaden zufügen, ohne uns dessen bewusst zu werden. Die karmischen Folgen aus einer solchen
Handlung unterscheiden sich von jenen, die ein bewusster Akt
nach sich zieht. Karmische Folgen entstehen aus der Absicht, die
wir mit einer Handlung beziehungsweise einem Gedanken ver-
binden.

75

Manchmal ist die zugrunde liegende Motivation für die karmischen Folgen wichtiger als die Handlung selbst. Wenn wir beispielsweise die Absicht hegen, jemandem zu schaden, im Moment aber unsere harschen, verletzenden Worte zurückhalten, hindert dies ja unser Denken nicht daran, sich dem anderen Menschen gegenüber in Feindseligkeiten zu ergehen. Tatsächlich aber hegen wir den Wunsch, diesem Menschen zu schaden, und verhalten uns heuchlerisch. Unser Denken steht nicht im Einklang mit unserem Handeln. Im Buddhismus jedoch geht man davon aus, dass die Motivation Ethik und Karma bestimmt.

76

Der Buddha lehrt: »Wir sind, was wir denken. Mit unseren Gedanken schaffen wir die Welt.« Wenn wir also eine korrekte ethische Einstellung haben und uns dementsprechend verhalten,
beeinflussen wir die Welt zum Guten. Das soll allerdings nicht
heißen, dass die Welt nichts weiter ist als eine Projektion des
Geistes.

Die Art, wie wir die Welt sehen, ist eine Projektion, ein Pro-
dukt unseres Geistes. Jeder Mensch sieht die Welt anders. Das be-
weist die Tatsache, dass ein und derselbe Gegenstand für den
einen Menschen schön, für den anderen hässlich ist. In den
Schriften steht geschrieben, dass unsere Weltsicht das Ergebnis
der karmischen Eindrücke ist, die wir im Laufe unzähliger Lebenszeiten angesammelt haben. Die Welt, wie wir sie als Menschen sehen, ist also Frucht der karmischen Erfahrungen, die
unser Bewusstsein während all dieser Leben gemacht hat.

Amogasiddhi

Amogasiddhi verkörpert die Weisheit
des rechten Handelns. Ihn bewegt allein
der Wunsch, den Wesen zu helfen.

77

Wir sollten Vertrauen zu den Menschen haben. Der Mensch ist grundlegend gut und mitfühlend, denn jeder von uns besitzt das Potenzial der Buddhanatur. Trotzdem wird er mitunter von störenden Emotionen umgetrieben, die er bei entsprechender geistiger Klarheit in seinem Geist beobachten kann.

78

Erfahrung, Beobachtung, medizinische Erkenntnisse und nicht
zuletzt unser gesunder Menschenverstand sagen uns, dass ein
friedvoller Geist, der nicht von starken Emotionen aufgewühlt
wird, ein harmonischeres und friedvolleres Leben ermöglicht.
Feindseligkeit, Hass, zwanghaftes Denken hingegen wirken sich
negativ auf den Körper aus und untergraben unsere natürliche
Gesundheit. Bewahren wir jedoch eine entspannte Gelassenheit,
wenn sich eine Krankheit einstellen will, wird diese an ihrem
Ausbruch gehindert.

79

Unser persönliches Glück und unser persönliches Leid sind eng mit Glück beziehungsweise Unglück aller Wesen verknüpft. Sich dieser wechselseitigen Verbundenheit bewusst zu werden führt dazu, dass sich ein natürliches Gefühl von Offenheit, Zuneigung und Freundlichkeit gegenüber anderen Wesen einstellt. Diese Erfahrung steht allen Menschen offen. Sie hängt nicht von der Zugehörigkeit zu einer bestimmten religiösen oder philosophischen Tradition ab.

80

Es ist sehr wichtig, stets seinen Geist zu beobachten, um nicht in den Würgegriff von Sehnsüchten und anderen störenden Gefühlen zu geraten. Wenn wir uns der Existenz dieser Störungen bewusst werden, können wir Handlungen vermeiden, die negatives Karma zur Folge hätten. Wenn uns beispielsweise jemand beleidigt und wir uns im ersten Gefühl des Zorns zu unüberlegten Aktionen hinreißen lassen, werden wir von unserem Zorn »gesteuert«. Dann ist es uns nicht mehr möglich zu überlegen, was im vorliegenden Fall am besten zu tun wäre. Folglich sind wir in unserem Handeln nicht mehr frei.

81

Wenn wir uns in Disziplin üben, heißt das nicht, dass wir bestimmte Handlungen unterlassen, weil sie »verboten« sind. Es geht vielmehr darum, dass wir über die Folgen nachdenken, die unser Denken und Tun auf kurze, mittlere und lange Sicht haben. Dann werden wir feststellen, dass bestimmte Handlungen nicht sinnvoll sind, weil sie für uns und andere Wesen Leiden hervorrufen. Diese Art der ethischen Disziplin fußt auf Nachdenken und Analyse. Daher ist sie auch leichter einzuhalten als ein Regelwerk von Vorschriften, das sich nur auf die Angst vor Strafe stützt.

Wahre ethische Disziplin beruht auf der Einsicht in die letztendlichen Konsequenzen unseres Handelns.

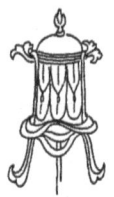

82

In unserer modernen Gesellschaft wird Ethik eine immer wichtigere Rolle spielen. Anders als früher unterliegt das ethische Verhalten von Persönlichkeiten wie Politikern oder Ärzten, Wissenschaftlern oder Richtern der Kontrolle durch Öffentlichkeit und Medien. Verstöße gegen ethische Normen landen unweigerlich als Nachricht in den Medien. Diese Kontrolle durch die Öffentlichkeit bewirkt, dass Vertreter des öffentlichen Lebens sich ethischer, also weniger heuchlerisch, verhalten müssen.

83

In unserer demokratischen Gesellschaft, in der wir uns vieler Freiheiten erfreuen, spielen die Medien eine enorm wichtige Rolle. Sie sollten versuchen, sich für die Werte der Menschlichkeit einzusetzen, und dabei möglichst objektiv bleiben. Ich vergleiche die Medien gerne mit einem Elefanten, der mit seinem langen Rüssel überall herumschnüffelt. Die Medien sollten Ungerechtigkeiten aufdecken und publik machen, was in unserer Gesellschaft nicht funktioniert. Dabei darf jedoch die Berichterstattung über die positiven Aspekte in unserer Welt nicht zu kurz kommen. Gewöhnlich aber werden nur Katastrophen zur Schlagzeile, die sodann in aller Munde ist. Tragische, deprimierende Nachrichten überfluten die Medien, während all die positiven und mitfühlenden Handlungen, die Tag für Tag geschehen und unser Leben beeinflussen, keine Erwähnung finden. Das ist bedauerlich, denn Berichte über positive Handlungen inspirieren die Menschen. Wenn man nur noch die negativen Aspekte des menschlichen Daseins betont, glaubt man am Ende noch, der Mensch sei nicht von Grund auf gut.

84

Die fünf Sinne sind an der Entstehung der Gefühle beteiligt. Aus diesem Grund beeinflussen Musik, Malerei und sakrale Kunst auch unsere Emotionen und tragen dazu bei, negative Gefühlszustände in positive umzuwandeln.

Dies gilt vor allem für die Musik, die uns mit besonders tiefen Zuständen unseres Geistes in Verbindung bringt.

85

Im Allgemeinen ist es so, dass wir jede Form von Gewalt, die anderen Wesen schadet, vermeiden sollten. Doch es kann auch vorkommen, dass im Einzelfall ein größeres Übel durch ein kleineres vermieden werden kann. Man kann solche Regeln also nie absolut setzen, sondern muss je nach Situation entscheiden. Wir müssen also in jedem einzelnen Fall Wohl und Wehe gegeneinander abwägen, damit so wenig Leid wie möglich entsteht.

Samantabhadra

Der Urbuddha, der für die ursprüngliche Offenheit
des Absoluten steht.

ༀ། །གདོད་མའི་མགོན་པོ་དོན་མྱི་འགྱུར། །དཀྱིལ་འཁོར་དག་ཀུན་བྱུང་ནས་ཉལ་སྐུ། །

མ་ཆིར་རབ་ཡེ་ཤེས་རྒྱུ་མཚོ་བརྐེས། །ཀུན་བཟང་ཡབ་ཡུམ་ལ་ཕྱག་འཚལ། ། །

86

Alles ist eine Frage der Motivation, selbst in der Wissenschaft. Setzt man beispielsweise die Errungenschaften der Gentechnik zur Heilung von Krankheiten ein, so können wir uns zu diesen Fortschritten nur gratulieren. Doch sobald wir damit Schaden anrichten, ist jeder wissenschaftliche Fortschritt ein Akt der Gewalt.

87

Wenn ich von Spiritualität spreche, ist damit nicht notwendigerweise eine institutionalisierte Religion gemeint. Es hat keinen Sinn, von irgendwelchen äußeren Dingen Glück und Zufriedenheit zu erwarten. Wir müssen vielmehr ein Verständnis dafür erlangen, wie unser Geist arbeitet, um ihn entsprechend umwandeln zu können. Spiritualität heißt für mich, sich für andere einzusetzen.

Eine spirituelle Revolution kann auch nicht von äußeren Ursachen kommen, von Computern oder bestimmten Veränderungen im Gehirn. Sie entsteht vielmehr aus dem Inneren, aus dem tiefen Wunsch, zu einem besseren Menschen zu werden. Daran müssen wir arbeiten, denn nur so kann eine spirituelle Revolution stattfinden.

Das Rad der Lehre

Das Rad ist Symbol der Vollkommenheit.
Es symbolisiert den Wunsch, dass die Lehre des Buddha
sich zum Wohle aller Wesen in alle Himmelsrichtungen
ausbreiten möge.

88

Die negativen Emotionen entspringen unserem Geist. Sie beeinflussen, ja beherrschen ihn, sodass der Mensch zu ihrem Sklaven wird … Der Großteil dieser Emotionen vergeht so schnell, wie er entstanden ist. Was aber nicht bedeuten soll, dass wir ihre Macht, die für uns und andere Wesen so zerstörerisch ist, nicht zu fürchten brauchten. Der Buddhismus hat viele Methoden entwickelt, wie man sie kanalisieren und umwandeln kann, doch dazu müssen wir uns erst einmal dessen bewusst werden, was in unserem Geist vorgeht. Diese Mühe werden wir erst dann auf uns nehmen, wenn wir verstanden haben, aus welchem Grund wir dies tun sollten. Dies ist der entscheidende Unterschied zwischen einem Verhalten, das wir freiwillig gewählt haben, und einem, das uns von anderen aufgezwungen wird. Im ersten Fall können wir uns in der von uns gewünschten Richtung entwickeln, im zweiten werden wir uns wahrscheinlich früher oder später gegen die Regeln auflehnen. Wollen wir unseren Geist zähmen, so setzt dies voraus, dass wir genau wissen, warum wir diesen Weg gewählt haben. Dies stärkt unser Vertrauen und unseren Glauben.

89

Wenn wir unser Karma beenden, also das Gesetz von Ursache und Wirkung steuern wollen, das den Kreislauf der Wiedergeburt beherrscht, müssen wir die grundlegende Unwissenheit beseitigen, die all unsere Lebenszeiten beherrscht. Aus dieser Unwissenheit entstehen Verlangen, Hass, Eifersucht und Begehren sowie sämtliche negativen Emotionen, die unseren Geist beherrschen und ihn so lange in Unfreiheit halten, bis wir die Erleuchtung erlangt und uns von allem Leid befreit haben. Darüber sollten wir nachdenken, damit wir uns von dieser grundlegenden Verwirrung frei machen können.

Longchen Rabjam

Einer der großen Gelehrten des 14. Jahrhunderts,
dessen Schriften heute noch viel gelesen
und studiert werden.

ༀ༔ ཞེས་བྱ་འི་དགྱི་ཁ་པ་བོ་རང་རྐ་བྲི་གས་པ་ཞིག ༔ ཇ་ཕ་ཚེས་རི་ཞེ་ཆེས་མོ་ངད་རི་ཚ་ཛི་སགས ༔

ཟ་བ་མེ་ངི་རི་རས་ཀི་ར་རུ་ཧ་ས་གཟི་ཏི། ༔ རྒྱོ་རི་ཆེས་ར་བད་བ་རྱ་མས་ལ་སུ་གད་ག་ཆོས ༔

90

Echte Praxis zeigt sich nicht im Tempel oder Schrein, sondern draußen im Alltag, dort, wo wir auf das wahre Leben stoßen, auf Menschen, die in uns Hass, Liebe, Mitgefühl, Verlangen wecken können …

Eine Religion zu praktizieren heißt nicht einfach nur zu beten. Es geht dabei vielmehr um die Entwicklung positiver Qualitäten wie uneigennützige Liebe, Mitgefühl, Güte, Verantwortungsgefühl und die Großzügigkeit, die gibt, ohne etwas zurückzuerwarten oder »nachzurechnen«, und zwar nicht nur unseren Freunden gegenüber, sondern allen Wesen in unserer Umgebung, auch unseren Feinden.

91

Um unsere negativen Gefühle zu überwinden, müssen wir unseren Verstand einsetzen. Wir müssen lernen, damit wir dank unserer Kenntnisse unsere positiven Gefühle wie Mitgefühl, Güte, Vertrauen und Wohlwollen stärken können.

Und doch können wir unseren negativen Emotionen erst dann ein Ende setzen, wenn wir neben der Entwicklung positiver Emotionen uns auch um Weisheit und Einsicht bemühen.

92

Unser geistiges Leiden erweist sich häufig als stärker als alle körperlichen Probleme. Wenn sein Geist ruhig und heiter ist, kann ein körperlich kranker oder armer Mensch trotzdem glücklich sein, obwohl er unter schwierigen Bedingungen lebt. Zumindest bewirkt seine Einstellung, dass ihn seine Probleme nicht allzu sehr niederdrücken.

Wer dagegen unter günstigen äußeren Bedingungen lebt, jedoch einen von störenden Emotionen aufgewühlten Geist hat, kann nicht glücklich sein. Das Wichtigste für ein Leben in Glück und Zufriedenheit ist ein ruhiger Geist.

93

Hass, Anhaftung und Eifersucht versetzen unseren Geist in Unruhe und hindern ihn daran, anderen Wesen mit Gleichmut zu begegnen. Gleichmut bedeutet nicht, dass man anderen gegenüber gleichgültig bleibt oder sich vom Leiden der Wesen nicht rühren lässt. Mit Gleichmut ist vielmehr gemeint, dass man sich allen Wesen gegenüber gleich verhält, ohne die einen zu bevorzugen und die anderen abzulehnen. Dass man ihnen mit Mitgefühl und Liebe gegenübertritt und alles in seiner Macht Stehende tut, um allen Wesen ohne Unterschied zur Erleuchtung zu verhelfen.

94

Gewöhnlich erwarten wir von einem Menschen, dem wir geholfen haben, dass er sich uns gegenüber auf die ein oder andere Weise erkenntlich zeigt. Wenn er das nicht tut, empfinden wir mitunter Zorn. Wir tragen ihm sein Verhalten nach und verspüren vielleicht gar den Wunsch, ihm zu schaden … Haben wir aber gelernt zu beobachten, was in uns vorgeht, können wir diesem Prozess noch während seines Entstehens Einhalt gebieten und die störende Emotion eindämmen, die uns mit Wut reagieren lässt.

Noch einfacher wird es, wenn wir den Menschen, der nicht so will, wie wir uns das vorstellen, als Meister betrachten, der uns Geduld und Mitgefühl lehrt. Denken Sie daran, wenn Sie sich das nächste Mal in solch einer Situation befinden. Sie werden sehen, dass Ihnen diese Sicht immer leichter fallen wird, wenn einmal der erste Schritt getan ist. So entwickeln Sie geistigen Frieden.

Maitreya

Buddha Maitreya steht für universelle Liebe.
Er wird eines Tages auf der Erde wiedergeboren werden.
Aus diesem Grund steht er mit beiden Beinen auf dem Boden,
bereit sich auf den Weg zu machen.

ཀྱེ༔ །ཁྱབ་བདག་གདན་ས་སུ་དཔལ་འཁོར་དགར་ཕོས། །རང་གི་དོན་ནས་ནི་དང་གྱི། །དབུར་འཆང་རས་ཀ། །རྒྱལ་ཚོགས་ནི་དུ་དྲང་དར་ད་སྤྱུར་མཆོག་ག་བརྐུས་མ། །ཁྱབ་འདྲེན། །མ་པ་མ་མགན་ཟེལ་ཕྱུ་འཚལ་ལོ།

169

95

Es gibt verschiedene Methoden, Geduld zu entwickeln. Eine davon ist es, sich das Gesetz von Ursache und Wirkung zu vergegenwärtigen. Wenn Sie Probleme im Beruf haben oder eine besonders schwierige Situation meistern müssen, sollten Sie sich vorstellen, dass Sie selbst für die Schwierigkeiten, die Sie jetzt erleben, verantwortlich sind, da Sie die entsprechenden Ursachen geschaffen haben.

Natürlich löst dies Ihre Schwierigkeiten zunächst einmal nicht, doch diese Art von Überlegung erlaubt Ihnen, gleichsam einen Schritt zurückzutreten und das Problem in einem anderen Rahmen zu betrachten. Außerdem steigt dadurch die Motivation, alles Ihnen Mögliche zu tun, um nicht durch »schlechte« Gedanken oder Handlungen neues Karma zu schaffen.

96

Vertrauen in sich selbst und die eigenen Qualitäten zu haben heißt nicht, dass wir hochmütig sind. Es ist ausgesprochen wichtig, auf uns selbst und unsere Fähigkeiten zu vertrauen. Nur so stellt sich der Glaube ein, den wir brauchen, um Güte, Freundlichkeit, Mitgefühl und uneigennützige Liebe zu entwickeln. Glaube und Vertrauen sind unverzichtbar, wenn es um das Wachstum unserer positiven menschlichen Eigenschaften geht. Sie bilden den fruchtbaren Boden, auf dem alle Samen heranreifen, die letztendlich zu positiven Erfahrungen führen.

97

Erwachsene, ob sie nun selbst Eltern sind oder nicht, müssen darauf achten, dass die ihnen anvertrauten Kinder so viel Zuneigung wie möglich erhalten. Denn schließlich besteht Erziehung nicht nur in der Ausbildung des Verstandes. Auch die Intelligenz des Herzens und die menschlichen Qualitäten wie Mitgefühl, Freundlichkeit, Wohlwollen und Verantwortungsgefühl müssen geschult werden.

Bei der Erziehung geht es auch darum, den Kindern zu zeigen, dass alles auf der Welt miteinander in Verbindung steht, damit sie ein klares Bewusstsein für die Folgen ihres Denkens und Tuns entwickeln können.

Am wichtigsten ist dabei, dass die Erwachsenen mit gutem Beispiel vorangehen, denn dies ist die beste Methode, um Kindern etwas beizubringen.

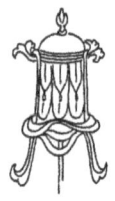

98

Es wäre unsinnig zu glauben, man könne andere Menschen verändern, ohne zuerst an sich selbst zu arbeiten. Wenn wir den Weltfrieden erreichen wollen, müssen wir die Konflikte zwischen den einzelnen Nationen reduzieren, damit es keinen Krieg mehr gibt. Wollen wir die sozialen Unterschiede verringern, um eine bessere Welt zu schaffen, müssen wir zuerst uns selbst verändern. Dieser Wandel wirkt sich sodann auf unsere unmittelbare Umgebung aus: auf die uns nahestehenden Menschen und die Familie.

Ist dieser innere Kreis von Mitgefühl, Zuwendung, Güte und Freude erfüllt, dann können wir diesen Zustand auf uns nicht so nahestehende Menschen ausdehnen: auf Freunde, Nachbarn und so weiter. Man könnte das auch »Schneeballeffekt« nennen.

Zuerst wandeln wir unseren Geist um. Wir werden anderen gegenüber aufmerksamer, weil wir Mitgefühl entwickelt haben. Diese innere Haltung wirkt sich nun auf den Rest der Welt aus. So entsteht schließlich Frieden zwischen den Menschen und Völkern. Dies ist ein ganz wichtiger Punkt.

99

Je stabiler unser Geist im Alltagsleben ist, je mehr Ruhe und Zufriedenheit uns erfüllen, desto glücklicher fühlen wir uns. Je weniger Disziplin und Schulung unser Geist erfahren hat, je
negativer unsere innere Einstellung ist, desto mehr leiden wir,
sowohl auf körperlicher als auch auf geistiger Ebene. Ein glücklicher, geschulter Geist ist also der Schlüssel zum Glück.

Wenn wir diesen heiteren und disziplinierten Geisteszustand
weiterentwickeln, sodass er ein bestimmtes Niveau erreicht, dann
entsteht, was tibetische Buddhisten als »Wahrheit vom Weg, der
zur Beendigung des Leidens führt« bezeichnen. Der Geist kann
von seinen Illusionen befreit werden, weil diese auf einer grundlegenden Unwissenheit in Bezug auf die Dinge und Ereignisse
beruhen.

100

Die buddhistischen Schriften lehren uns, dass in der Abfolge all unserer vorangegangenen Leben alle Wesen schon einmal unsere Eltern waren. Dieser Gedankengang entschärft von vornherein sämtliche Konflikte, die zwischen zwei Menschen auftreten können, und sorgt dafür, dass wir unseren angeblichen Feinden mit einer veränderten Haltung gegenübertreten. Allein das Wissen, dass alle negativen Erfahrungen auf unser Karma zurückgehen, verändert unseren Blick auf den scheinbaren Gegner. Auf diese Weise wird er nur zur äußeren Manifestation jener Faktoren, die wir selbst geschaffen haben, was unsere Wahrnehmung zutiefst verwandelt. Es ist sehr wichtig, das zu verstehen, denn so lernen wir, dass wir auf Menschen oder Ereignisse nicht ablehnend reagieren. Schließlich sind nicht sie für das verantwortlich, was uns geschieht.

101

Es ist von entscheidender Bedeutung, dass wir uns nicht von der Welt abkehren, wenn wir anderen Wesen beistehen wollen. Dazu müssen wir uns auf die Verhältnisse und die Zeit, in der wir leben, wirklich einlassen.

Als verantwortlicher religiöser Würdenträger ist es meine Aufgabe, stets dafür zu sorgen, dass die Lehren meiner Tradition für jeden Interessierten in einer Form zugänglich sind, dass sie sich auf das moderne Leben anwenden lassen.

102

In demokratischen Ländern werden zwar gewöhnlich die Menschenrechte geachtet, die Rechte der Tiere jedoch nur in den seltensten Fällen respektiert. Doch das Prinzip der wechselseitigen Abhängigkeit der Erscheinungen lehrt uns, dass wir mit allen Wesen gleichermaßen verbunden sind. Meist vergessen wir diesen Punkt aber und machen uns keine Gedanken über die Folgen, die negatives Verhalten unsererseits auf kurze oder lange Sicht auf unsere Lebensumstände haben wird. Die überhandnehmende Ausbeutung von Tieren und Natur wird künftig wahrscheinlich Auswirkungen auf unsere Versorgung mit Nahrungsmitteln und unsere Gesundheit haben. Wenn wir darüber nur einen Moment nachdächten, würden wir mit Sicherheit ein System schaffen, das stattdessen auf Tier- und Umweltschutz setzt.

103

Der Großteil aller religiösen Prinzipien ist aus der Beobachtung der menschlichen Gefühle und Verhaltensweisen entstanden. Sie wurden formuliert, um die Entwicklung menschlicher Qualitäten wie Mitgefühl, Güte und Freundlichkeit zu fördern. Die buddhistische Lehre und Praxis zielt darauf ab, das Nirvana zu erkennen, was gleichbedeutend mit völliger Befreiung vom Leiden ist. Dass wir dieses Ziel erreichen wollen, heißt jedoch nicht, dass wir unsere äußeren Daseinsumstände vernachlässigen. Denn wenn unsere Lebensumstände positiv sind, können wir anderen Wesen leichter helfen. So ist es beispielsweise unmöglich, ohne Geld zu leben. Es geht ja nicht darum, die Bedeutung des Geldes infrage zu stellen, sondern ihm einen angemessenen Platz im eigenen Leben zuzuweisen, es also nicht als allmächtige Gottheit zu betrachten. Es ist lediglich falsch zu glauben, dass es unsere wesentlichen Bedürfnisse erfüllen kann. Am wichtigsten ist es, einen gesunden Geist zu haben, der in positiver Weise arbeitet, ein friedvolles Herz also. Der Rest kommt dann von selbst.

Die Schatzvase

In dieser Vase wird der Nektar aufbewahrt,
der für spirituellen Reichtum steht.

104

Die einzig wirkliche Macht, über die wir verfügen, ist die Macht, anderen zu dienen. In meinen Augen ist diese Macht eine authentische und positive Kraft. Die anderen Formen der Macht, insbesondere jene, die aus dem Besitz von viel Geld erwächst, ziehen große Verantwortung nach sich. Leider nehmen dies die Träger dieser Macht nur selten zur Kenntnis. Sie müssen ganz besonders darauf achten, welche Motivation hinter ihren Handlungen steht.

Das gilt auch für Politiker. Die Demokratie beruht auf der Gewaltenteilung. Es ist von entscheidender Bedeutung, dass Exekutive, Gesetzgebung und Rechtsprechung scharf voneinander getrennt bleiben. Nur die Gewaltenteilung schützt uns vor machtbesessenen Herrschern.

105

Auf der menschlichen Ebene mache ich zwischen Staats-
oberhäuptern und einfachen Menschen keinen Unterschied.
Letztlich sind wir alle Geschwister. Wir haben alle dieselben
grundlegenden Bedürfnisse. Spiritualität ist für alle Menschen
gleichermaßen wichtig, doch bedarf ein Mensch, der Verantwortung für ganze Staaten oder eine Vielzahl von Menschen
trägt, ihrer noch mehr als ein »normaler« Suchender auf dem
Pfad, der sich von der Welt zurückgezogen hat. Regierungsober-
häupter, Politiker oder Unternehmensvorstände spielen in unserer Gesellschaft eine wichtige Rolle. Die Art ihres Handelns, ob
positiv oder negativ, hat Auswirkungen auf sehr viele Menschen.
Damit sie ihre Zuversicht und eine gute Motivation bewahren,
sollten sie ein spirituelles Training durchlaufen, damit die positiven Folgen ihres Handelns überwiegen. Es ist enorm wichtig,
dass alle Führungskräfte das Wohl der anderen Wesen im Blick
haben und mit Verantwortungsgefühl handeln. Nur so kann sich
Frieden in der Welt entwickeln.

106

Vor einigen Jahrzehnten hat sich noch niemand um die Umwelt gekümmert. Bevölkerung und Politiker glaubten gleichermaßen, dass die Ressourcen der Erde unerschöpflich seien. Dies erwies sich als falsch. Seitdem haben die Parteien den Umweltschutz in ihr Programm aufgenommen. Diese Änderung der vorherrschenden Sichtweise gründet sich auf Erfahrung. Obwohl noch längst nicht alle Staaten ihre natürlichen Ressourcen schützen, obwohl Treibhauseffekt und Entwaldung immer weiter voranschreiten, werden diese Ideen Schritt für Schritt zum Allgemeingut. Dies ermutigt mich, mich weiterhin für eine bessere Zukunft einzusetzen.

107

Alle Erwachten können den Praktizierenden als Vorbild dienen. Sie inspirieren jene, die sich noch auf dem Weg befinden, sich mehr anzustrengen, damit sie irgendwann einmal ihren Vorbildern gleichkommen und wie diese Mitgefühl und Weisheit entwickeln. Unsere Fähigkeit zur Einsicht hilft uns, dieses Ziel zu verwirklichen, sobald sie nicht mehr von den negativen und störenden Emotionen, den Quellen des Leidens, verdunkelt wird. Wenn der Verstand von guter Motivation gestützt wird, ist er ein unschätzbar wertvolles Werkzeug.

108

Die Liebe, welche die Mutter mit dem Kind verbindet, entsteht nicht aus leidenschaftlicher Anhaftung. Die Mutter erwartet nichts von ihrem Kind. Sie fühlt sich für das Kind verantwortlich und möchte ihm alle Freude und alles Wohlsein der Welt verschaffen. Wenn diese Liebe keine Verirrungen erfährt, kommt sie dem wahren Mitgefühl gleich, das vollständig frei von Anhaftung ist. Nur aus diesem Grund sind für einen Menschen mit wahrem Mitgefühl Freund und Feind gleich. Wenn Sie diese Stufe der Praxis erreicht haben, machen Sie keinen Unterschied mehr zwischen den Wesen. Sie wollen, dass es allen gut geht. Sie wünschen allen bedingungslos und ohne jeden Unterschied Glück, selbst wenn Sie wissen, dass der Betreffende Ihnen schaden will. Doch das berührt Sie nicht, weil Sie geistigen Frieden erlangt haben. Was Sie allerdings nicht daran hindert, alles zu tun, damit der Schaden nicht eintreten kann. Doch Sie tun dies ohne Hass, ohne Zorn und ohne negative Gefühle.

Verzeichnis der Illustrationen

Register

Unsere Leseempfehlung

464 Seiten
Auch als E-Book
erhältlich

Kann es sein, dass unsere Vorstellungen von Glück uns unglücklich machen? Ja! Denn je stärker wir versuchen, schmerzhafte Gedanken und Gefühle zu verdrängen oder durch positive zu ersetzen, desto mehr leiden wir. Auch Stress, Ängste und Depressionen nehmen zu. Dem möchte Russ Harris mit der Akzeptanz- und Commitment-Therapie (ACT) entgegenwirken. Er verdeutlicht, dass negative Emotionen keineswegs angestrengt bekämpft werden müssen. Wenn wir sie zulassen und uns ihnen stellen, können wir der Glücksfalle entkommen und echte Erfüllung finden.